Des grumeaux
dans la passoire

La liste des ouvrages
du même auteur
figure en fin de volume

Philippe Bouvard

Des grumeaux dans la passoire

PLON
www.plon.fr

92, avenue de France
75013 Paris
Tél. : 01 44 16 09 00
Fax : 01 44 16 09 01
www.plon.fr
www.lisez.com

Dépôt légal : novembre 2020
ISBN : 978-2-259-30503-7
Mise en pages : Nord Compo

Il ne faut s'inquiéter au sujet de sa mémoire que lorsqu'on ne se souvient même plus de ce qu'on a oublié.

Ph. B

I

UN AMNÉSIQUE SE SOUVIENT...

Les repères qui jalonnent ma longue existence sont moins d'ordre artistique que technologique. S'il me fallait résumer les progrès dont j'ai été tantôt le témoin, tantôt le bénéficiaire, tantôt le prisonnier, je pourrais dire, en respectant la chronologie, que j'ai connu le Concorde et la trottinette électrique. Pour ce qui concerne la culture avec laquelle nos politiques ne se sont jamais autant gargarisés, le bilan est plus maigre. À telle enseigne que nous transmettrons surtout à nos petits-enfants des bandes dessinées où la psychologie des personnages ne s'embarrasse pas de nuances et des immeubles si laids qu'on est rassuré par leur fragilité.

Une nature de plus en plus en colère contre les hommes s'est chargée du reste de l'héritage : virus, bactéries, bacilles, microbes, sida, Alzheimer, Parkinson, cancers, canicules, inondations, incendies, séismes. À quoi, au lieu de lutter contre tous ces fléaux, les bipèdes ont ajouté le terrorisme.

Non, je n'ai rien oublié. Sauf que, la semaine dernière, j'ai cherché en vain durant plusieurs minutes le prénom de l'aîné de mes petits-fils, alors que je me souviens parfaitement du patronyme du professeur de français qui, voilà soixante-quinze ans, avait pour la première fois noté au-dessus de la moyenne l'une de mes rédactions. C'est dire que, si ma mémoire est une passoire, elle retient certains grumeaux.

Le grand âge, dont je ne saurais préciser s'il s'agit du quatrième ou du cinquième, m'a laissé intacte la mémoire, mais en diminuant la vue et l'ouïe. La vue pour avoir regardé (bêtement) le soleil en face sans aucune protection et après une opération ratée de la cataracte. L'ouïe s'est émoussée à force d'entendre des sottises ou des banalités. Pour soutenir des conversations, j'ai dû acheter très cher – et sans que l'État, qui avait promis de me les rembourser, mette la main à la poche – des prothèses que j'ai baptisées « mes oiseaux » en raison de leurs pépiements. Jean Prouvost, le magnat du textile reconverti sur le tard dans le papier journal et qui était plus sourd que moi, avait toujours refusé la dépense :

– À quoi bon, puisque tous ceux qui ont quelque chose à me demander parlent beaucoup plus fort ?

Au départ, j'étais persuadé de mourir jeune et de laisser un grand livre. À l'arrivée, j'ai déjà eu droit à de belles prolongations et j'ai multiplié les petits bouquins. J'ambitionnais de régner sur un lieu de spectacle et de disposer d'une bibliothèque assortie d'une échelle. C'est réussi. Sauf que j'ai fini par revendre Bobino et tous mes livres. Quinze ans durant, j'ai donc dirigé un music-hall de mille places. En me colletant avec tous les aléas du spectacle : intempéries, grèves, tiers provisionnel et j'en passe. En contrepartie de ce que m'a coûté l'aventure, j'ai ressenti un certain plaisir. D'abord, en programmant les artistes que j'aimais ; ensuite, en divertissant mes contemporains ; enfin, en étant responsable d'une petite entreprise. Lorsque, après une dure journée de travail, je débarquais le soir rue de la Gaîté et que je voyais la salle pleine et hilare, j'éprouvais une certaine fierté.

Les personnalités qui ont jalonné mon parcours possédaient du génie ou offraient du pittoresque. Parfois les deux. Toutes caractéristiques qui ont disparu comme si notre société n'avait plus besoin, dans le meilleur des cas, que de managers ressemblant à tout le monde. Les portraits de ma collection personnelle datent souvent d'un temps où le selfie n'existait pas et où l'on posait pour une postérité dont je déplore qu'elle se soit rétrécie comme une peau de chagrin. En fait, *Des grumeaux dans la passoire* sont la suite d'*Un oursin dans le caviar*, publié voilà près d'un demi-siècle. Cette fois, j'ai sabré quelques anecdotes ; j'en ai enrichi certaines ; j'en ai ajouté d'autres, plus récentes.

II

DES GÉNIES ET DES PITTORESQUES COMME ON N'EN FAIT PLUS

Les Achard

Durant des décennies, Marcel[1] et Juliette ont tenu le haut du pavé parisien. Ils étaient invités partout. On se disputait leur présence. On n'imaginait pas que puissent se dérouler sans eux une répétition générale, une inauguration, un cocktail mondain ou une réception officielle. On les reconnaissait de loin. Lui, avec ses lunettes hublot, tordu par les rhumatismes comme un cep de vigne ; et elle, maquillée plus outrageusement qu'une vieille péripatéticienne.

Si, chaque soir, ils sortaient, la journée était laborieuse. Dans le bureau de leur appartement de la rue de Courty, derrière l'Assemblée nationale, Marcel, quand il n'écrivait pas ses pièces, rédigeait des préfaces. Son plus grand succès avait été *Patate*, une jolie comédie truffée de mots d'auteur aujourd'hui passés de mode. Un vrai triomphe. Toute la salle debout et applaudissant pendant

1. **Marcel Achard** (1899-1974). Dramaturge et comédien, journaliste, scénariste, académicien français. Maître du théâtre de boulevard, il est, entre autres, l'auteur de la pièce *Jean de la Lune* (1929) ou du scénario de *Madame de...* (1953), de Max Ophüls.

près de vingt minutes, c'est-à-dire presque autant qu'au soir de la première représentation de *Cyrano de Bergerac*. Marcel, qui vint saluer sur scène, avait la larme à l'œil.

Soixante-trois ans ont passé. Qui se souvient encore des Achard ? Aucun directeur de théâtre n'a plus l'idée de remonter ses œuvres. Peut-être parce que, le soir, la drôlerie est devenue caduque et qu'on ne va plus au spectacle pour se changer les idées, mais pour revivre les problèmes de la journée.

Salvatore Adamo[1]

Drapé dans sa double nationalité italo-belge, ce fils de mineur bientôt octogénaire est notamment l'auteur de la chanson « Inch'Allah ». Il offre trois particularités : sa voix ne ressemble à aucune autre ; il est marié avec la même femme depuis plus d'un demi-siècle, mais on lui prête quelques aventures dont une avec une personne de la famille royale ; il est considéré comme « le seul vraiment gentil du show-biz ». Un compliment reléguant au rang de simulateurs les concurrents qui, en se forçant beaucoup, s'évertuent à l'amabilité.

1. **Salvatore Adamo** (né en 1943). Chanteur, auteur-compositeur belge, d'origine italienne. Depuis son plus grand succès, « Tombe la neige » (1963), il a vendu plus de cent millions d'albums dans le monde.

Ali Khan

J'ai découvert la diaspora ismaélienne en suivant à travers le monde les cérémonies organisées pour le couronnement du dernier Aga Khan[1]. Une famille haute en couleur et que ne déparait pas Yvette Labrousse[2], fille d'un traminot toulousain, ancienne Miss France qui avait épousé le vieil Aga. Je n'ai pas oublié l'apparition, à l'escale à Dar Es Salam, de l'ancienne et sculpturale bégum. Vêtue d'un long sari blanc, elle bénissait les foules comme si elle avait fait cela toute sa vie. Elle avait vécu avec un potentat richissime et adipeux qui n'avait pas intérêt à suivre de régime, car il recevait chaque année de ses sujets son poids en or et en pierres précieuses.

1. **Aga Khan**. Titre héréditaire porté par le chef spirituel des ismaéliens, une importante communauté de l'islam chiite. Son épouse porte le titre de **bégum** Aga Khan.

2. **Yvette Labrousse** (1906-2000). Miss France 1930 et quatrième femme de Mohamed Chah, **Aga Khan III** (1877-1957). Pakistanais, premier président de la Ligue des musulmans de l'Inde et président de la Société des Nations en 1937, il était à l'époque considéré comme l'homme le plus riche du monde.

L'autre vedette de la famille était Ali Khan[1], fils de l'Aga, mais qui avait préféré avoir à ses pieds des jolies femmes plutôt que des fidèles. Il menait joyeuse vie sans se cacher. Un soir de gala à la Comédie-Française, je crois l'avoir vu en train de se livrer dans sa loge au simulacre de la reproduction avec une dame qui n'était pas Rita Hayworth. Il faut croire que sa conduite laissait également à désirer sur la route, car il est mort au volant de sa voiture de sport.

1. **Ali Khan** (1911-1960). Fils d'Aga Khan III et père de Karim Aga Khan IV. Représentant du Pakistan, il fut vice-président de l'Assemblée générale des Nations unies. Célèbre pour ses conquêtes féminines (Rita Hayworth, Gene Tierney, etc.), son immense fortune et sa passion des courses hippiques.

François André[1]

Les décennies écoulées depuis n'y ont rien changé : rencontré pour la première fois dans les années 1960, François André demeure le personnage le plus haut en couleur de ma galerie de portraits.

Petit paysan, il avait fait d'abord rimer *Ardèche* avec *dèche*. Il avait commencé dans la vie active comme ordonnateur des pompes funèbres, une fonction à laquelle le prédisposaient sa taille, sa prestance et sa bonhomie. Très vite, il s'était avisé qu'après avoir enterré leur défunt les survivants, la gorge desséchée par le chagrin, avaient besoin de lamper une petite bière. Il s'était entendu avec un bistrotier installé en face du cimetière. Après la cérémonie, il lui amenait donc les assoiffés, moyennant une honnête commission. Un peu plus tard, il avait rencontré Eugène Cornuché, ancien premier maître d'hôtel chez Maxim's. Les deux hommes avaient sympathisé et s'étaient associés en ouvrant un

1. **François André** (1879-1962). Homme d'affaires français, directeur d'hôtels et de casinos, fondateur du groupe Lucien Barrière.

cercle de jeux à Ostende. Le hasard et les règles avalisées par le ministère de tutelle étaient à l'origine de leur réussite financière. Séparé de Cornuché, André avait peu à peu colonisé les principales stations balnéaires françaises. En prenant ses distances avec tous les pays étrangers : « J'investirai au-delà de nos frontières quand mon chauffeur pourra piloter les avions. » En attendant, François André sillonnait l'Hexagone à bord du Train bleu, où il embarquait avec son chef et son majordome. Empereur des palaces et des casinos, seigneur de Deauville, de La Baule, de Biarritz et de Cannes, il était devenu milliardaire. Envoyé spécial du *Figaro* sur le front touristique, je le suivais partout en ayant avec lui de nombreuses et passionnantes conversations. Portant un panama en guise de couronne et tenant son parapluie bicolore comme un sceptre, il régnait sur un peuple composé de milliers de clients de toutes nationalités, de directeurs d'hôtels et de restaurants, de serveurs, de cuisiniers et de croupiers. Quand il trônait assis sur un fauteuil dominant le Salon des Ambassadeurs, tout le monde lui faisait la révérence, y compris Rothschild, qu'il gratifiait d'un « mon petit » comme les autres. Il n'avait pas son pareil pour remonter le moral de ceux qui sollicitaient un conseil ou une aide. À un joueur malheureux qui se plaignait qu'à la roulette le rouge ne cessât de sortir, alors qu'il misait sur le noir, il disait après avoir fait semblant de réfléchir : « Essayez donc de faire l'inverse. »

Il avait épousé une ancienne modiste qui lui laissait porter le chapeau. Frappée de paralysie, elle faisait pousser tous les après-midi son fauteuil roulant – par faveur exceptionnelle, car elle n'aurait jamais dû jouer étant copropriétaire de casinos – jusqu'à une table de roulette. André, qui n'avait pas eu d'enfant, s'était consolé avec son neveu Lucien Barrière, ingénieur agronome qu'il avait persuadé – sans lui promettre sa succession – de quitter ses prairies pour les tapis verts. Non sans le terroriser. Je me souviens qu'un soir où Lucien s'était présenté à lui fièrement, vêtu d'un blazer tout neuf, il l'avait renvoyé se changer :

– Tu fais partie du personnel. Ne t'habille pas comme un client !

Avec votre serviteur, il se montrait plus généreux. Ainsi m'avait-il proposé de me donner un terrain à La Baule, sur lequel j'aurais pu faire construire une maison pour ma petite famille. Un rendez-vous avait été pris pour la semaine suivante chez un notaire. Je n'y suis jamais allé.

À la mort de son oncle, Lucien reprit les rênes du groupe qui porte encore aujourd'hui son nom. Mais les drames devaient se succéder : mort de Lucien après une intervention cardiaque (pourtant classique) dite « des ballonnets » ; mort de Diane, sa fille adoptive, devenue tétraplégique après le crash d'un monomoteur. Aujourd'hui, c'est Dominique Desseigne qui dirige cet empire ayant essaimé hors du territoire national. En trois générations, le sang du fondateur ne coule donc plus dans les veines de ses héritiers.

Arletty[1]

Femme de Robert Vattier le temps d'un tournage, elle avait été ma mère de cinéma dans *Vacances explosives*, film de série Z que j'évoque par ailleurs. À la fin de sa vie, alors qu'elle était abandonnée par tout le monde, j'avais renoué avec elle. Je prenais régulièrement de ses nouvelles et je l'invitais à déjeuner chez Maxim's. Aveugle, elle consacrait de longues heures à bavarder avec des non-voyants auxquels elle prodiguait de précieux conseils.

Elle avait été une actrice adulée qui faisait rêver tous les hommes. Attachée au célibat, elle avait refusé d'épouser Sacha Guitry[2], mais, pendant l'Occupation, elle s'était amourachée d'un officier teuton. On le lui

1. **Arletty** (1898-1992). Nom de scène de Léonie Bathiat. Actrice et chanteuse française, célèbre pour ses rôles dans *Hôtel du Nord* (1938), *Les Visiteurs du soir* (1942) ou *Les Enfants du paradis* (1945), tous trois de Marcel Carné.

2. **Sacha Guitry** (1885-1957). Dramaturge prolifique, poète, journaliste, acteur, metteur en scène, réalisateur et scénariste français. Auteur de *Mémoires d'un tricheur* (1935), adapté au cinéma en 1936 sous le titre de *Roman d'un tricheur*, et souvent considéré comme son chef-d'œuvre. Célèbre aussi pour son esprit, ses conquêtes féminines (il se maria cinq fois) et ses grosses productions historiques (*Si Versailles m'était conté...*, en 1954).

avait beaucoup reproché, notamment durant un procès où, sommée d'expliciter une liaison coupable, elle avait répondu aux magistrats qui l'interrogeaient :

– Je n'aurais pas fricoté avec les Allemands si vous aviez su les arrêter.

Puis elle avait ajouté, avec une gouaille qui faisait reconnaître sa voix entre mille :

– Mon cœur est français, mais mon cul est international.

Fernando Arrabal[1]

Ayant oublié complètement les œuvres littéraires de cet intellectuel espagnol installé à Paris, je me souviens surtout de ses performances aux échecs. Il était capable d'affronter une vingtaine d'adversaires dans des parties simultanées.

Arrabal est aussi l'unique interlocuteur que j'ai fait pleurer. Au lieu de me réjouir d'être exceptionnellement obligé de me baisser pour engager la conversation avec un contemporain, je m'étais, du haut de mes cent soixante-neuf centimètres, moqué assez cruellement de sa petite taille. Je me suis retrouvé penaud et un peu ridicule lorsque ses sanglots – peut-être était-ce de la comédie ? – ont interrompu notre dialogue, un soir, en direct à la télévision.

---

1. **Fernando Arrabal** (né en 1932). Dramaturge, cinéaste, romancier, essayiste, peintre et poète espagnol, qui vit en France depuis 1955. Il est considéré comme un héritier du théâtre de l'absurde et du surréalisme.

Michel Audiard[1]

Il avait vendu les journaux à la criée avant d'être encensé par les journalistes. Il conservait de son passé prolétaire le port d'une casquette, le goût de l'argot, l'habitude du vélo.

En quelques années, il était devenu le dialoguiste le plus recherché et un réalisateur estimé. Ses répliques faisaient mouche et l'on se gargarisait avec ses bons mots. Surchargé de commandes, il me refilait parfois un contrat qu'il n'avait pas le temps d'honorer. Avec un conseil très précis :

– Tu écris n'importe quoi pourvu que ce soit un peu drôle. Et quand tu as fini, tu attends quelques jours avant de remettre ton travail au producteur. Car

1. **Michel Audiard** (1920-1985). Scénariste, dialoguiste, réalisateur, écrivain et chroniqueur de presse français. Souvent considéré, pour sa verve gouailleuse, comme le plus grand dialoguiste français, il est l'auteur d'une centaine de scénarios, dont *Les Tontons flingueurs* (1963) et *Les Barbouzes* (1964), tous deux de Georges Lautner, *Un taxi pour Tobrouk* (1960) de Denys de La Patellière, ou de l'adaptation au cinéma d'*Un singe en hiver* (1959) d'Antoine Blondin ou des *Grandes Familles* (1948-1951) de Maurice Druon.

si tu vas trop vite, il dira que c'est bâclé et chipotera sur ton cachet.

Il m'avait pris en amitié au point de m'emmener un jour chez Jean Gabin, afin d'assister à l'entraînement de ses chevaux de course. Ainsi, avais-je pu constater que, devant les caméras, Audiard faisait parler Gabin exactement comme celui-ci s'exprimait hors des studios. Gabin m'avait tapoté la joue en m'appelant « petit môme ». J'étais reparti sur un nuage avec, dans la poche, un bon article.

Je voyais moins Audiard depuis qu'il s'était retiré à Dourdan et qu'il était rongé par une tumeur moins maligne que lui. Nous devions déjeuner ensemble, lorsqu'il se décommanda :

– Excuse-moi, mais je dois aller à l'hôpital pour un examen sérieux.

Il n'en est jamais revenu. Il figure aujourd'hui en bonne place dans les histoires du septième art et dans mon panthéon personnel.

Vincent Auriol[1]

Je débarque à l'aube à Rambouillet dans le château où le président de la République passe ses week-ends. À ma grande surprise, c'est lui qui m'ouvre la porte, avant de me servir un petit déjeuner :

– Comme je répugne à faire lever mon personnel aussi tôt que moi, je le remplace.

Difficile d'être plus simple que ce Gascon. Il sera l'avant-dernier président à être élu par le Parlement. Je suppose que, dix ans plus tard, il ne serait pas sorti vainqueur de l'indispensable campagne à la télévision avant d'affronter le suffrage universel. Non seulement sa voix avait conservé les accents rocailleux de sa jeunesse, mais encore il était devenu borgne après un accident ayant fait dire à un méchant chansonnier que son œil disparu « coulait comme un camembert au mois d'août ». Michelle, son épouse, était grande et belle. Paul, son fils, avait mené une carrière de haut fonctionnaire, tandis

1. **Vincent Auriol** (1884-1966). Homme d'État français, avocat, ministre des Finances de Léon Blum, résistant, premier président de la IVe République (1947-1954).

que Jacqueline, sa femme, accédait à la célébrité comme pilote d'essai.

Quand Claude Fayard, le photographe qui m'accompagnait, et moi sommes partis, le chef de l'État l'a embrassé sur les deux joues. Tandis que nous regagnions la capitale, je n'ai pu m'empêcher de lui demander pourquoi je n'avais pas bénéficié d'une semblable accolade :

– Ne t'y trompe pas. Il n'est pas aussi affectueux avec tout le monde. Mais c'est mon oncle, le frère de ma mère.

Jean-Christophe Averty[1]

Bien avant l'avènement des nouvelles technologies, son inventivité en avait fait l'un des rares génies de la télévision. Lorsque Michèle Arnaud, chanteuse devenue productrice, m'a fait faire mes débuts sur le petit écran, Averty régnait en dictateur sur les régies. Alors que ses emportements me terrifiaient, ses trouvailles me ravissaient. En particulier, cette manie qu'il avait érigée en système et qui consistait à découper en morceaux ou passer à la moulinette des bébés en Celluloïd plus vrais que nature. Ce gag répétitif avait fait scandale en provoquant la colère de nombreuses mères de famille. En répondant aux polémiques, Averty avait mis sans le vouloir les rieurs de son côté, car il était affligé d'un zozotement incoercible.

Octogénaire, il ne regardait plus la télé, écœuré par sa banalité et son ingratitude.

1. **Jean-Christophe Averty** (1928-2017). Cinéaste, critique, animateur, réalisateur et producteur de radio et de télévision français. Célèbre pour avoir réalisé tous les vidéoclips des années yéyé.

Eddie Barclay[1]

Pour l'état civil, il se nommait Édouard Ruault. Il avait été successivement serveur dans la brasserie de ses parents, pianiste, chef d'orchestre, puis importateur des premiers microsillons avant de créer son entreprise avec sa femme Nicole. Pour le Tout-Paris, il était alors devenu *Eddie Barclay*. D'aucuns prétendaient que, dans ce couple, les rôles étaient inversés : Eddie personnifiait le charme, et Nicole le cerveau. Alors que je venais d'intégrer la rédaction du *Figaro*, Eddie m'avait engagé comme conseiller en même temps que Frank Ténot, grand amateur de jazz et futur patron d'Europe 1. La vérité m'oblige à préciser que nous n'avons jamais vu Eddie, puisque nous étions de service le matin et qu'il ne se levait jamais avant 13 heures. Avec le meilleur des alibis : chaque soir, il écumait les boîtes de nuit, où il repérait les nouveaux talents et signait des contrats.

1. **Eddie Barclay** (1921-2005). Créateur de la maison de disques Barclay et l'un des plus importants producteurs de musique en France, des années 1950 aux années 1980. Également célèbre pour s'être marié huit fois.

Les années passèrent. Je le retrouvais lors de ses fameux déjeuners durant lesquels – parfois sans dire un mot – il mélangeait petits plats et grandes gueules. À quoi s'ajoutait, tous les deux ou trois ans, un nouveau mariage. Ainsi, ai-je été souvent son témoin sans jamais assister à l'une de ses nuits de noces qu'on disait pourtant très fréquentées. Quand il se présentait avec une nouvelle compagne à la mairie de Neuilly, le maire, qui n'était autre que Nicolas Sarkozy, l'accueillait joyeusement :

– Je salue en vous notre meilleur client !

Avant l'échange des anneaux, la mariée avait signé un contrat par lequel elle s'engageait d'abord à une totale confidentialité de sa vie conjugale, ensuite à accepter sans problème ni indemnités le divorce.

J'ai vu pour la dernière fois Eddie dans un grand restaurant, où il était arrivé en pantoufles, soutenu par deux jeunes femmes autobaptisées « les petites sœurs des riches ». Il est passé devant moi sans me reconnaître, le regard perdu, un demi-sourire sur les lèvres comme s'il se trouvait déjà dans un monde auquel on accède sur fond sonore de grandes orgues plutôt que de trompettes bouchées.

Brigitte Bardot

Avec Brigitte Bardot, la brouille fut complète et très longue. À longueur d'articles et d'émissions, je daubais sur ses amours, sur les films où elle était plus dénudée, j'imagine, qu'à son réveil. Et puis, un jour, dans ma chronique du *Figaro Magazine*, j'avouai que je l'admirais beaucoup d'avoir réussi à m'éviter depuis un demi-siècle. Amusée, elle me fit savoir que, si je l'invitais aux « Grosses Têtes », elle viendrait volontiers. Naturellement, j'ai acquiescé, non sans redouter un entretien impromptu avec une femme dont j'avais pu apprécier – sans jamais les reconnaître – l'intelligence et le caractère. Tout s'est très bien passé. Nous sommes tombés dans les bras l'un de l'autre, avant que je la titille sur son amour des animaux et que j'obtienne une boutade dont ses amants ne sortaient pas grandis :

– J'ai eu des chats, des chiens, des serpents dans mon jardin et beaucoup d'ânes dans mon lit.

Par la suite, elle m'a souhaité mon anniversaire en m'envoyant une missive calligraphiée au fil de laquelle elle saluait mon mérite. Grâce à elle, j'ai découvert que les réconciliations très tardives étaient parfois les meilleures.

Christiaan Barnard[1]

Universellement connu depuis qu'il avait pratiqué la première greffe de cœur, le célèbre chirurgien venait de débarquer à Paris. Il avait demandé qu'on lui trouve un guide qui l'aiderait à découvrir la capitale. Ma spécialité de « soiriste » au *Figaro* et ma familiarité avec les lieux de culture m'avaient valu d'être désigné pour cette mission. En contrepartie, j'avais seulement demandé de pouvoir raconter notre équipée dans les colonnes du quotidien. Puis, nanti de son accord, je lui avais proposé de le cornaquer aux Invalides pour saluer Napoléon, à l'Opéra de Paris afin de lui faire admirer l'architecture de Garnier et à la tour Eiffel pour dominer la situation.

Il avait tout refusé. Scientifique très sérieux mais touriste frivole, il nourrissait la seule ambition d'aller voir de plus près le Crazy Horse Saloon. Naturellement, Alain Bernardin, fondateur du mythique établissement, s'était déclaré enchanté qu'une telle vedette figure parmi

1. **Christiaan Barnard** (1922-2001). Célèbre médecin sud-africain, spécialisé dans la chirurgie cardiaque.

ses spectateurs. Or, ce n'était pas la revue elle-même qui intéressait Barnard. Féru d'anatomie féminine, il souhaitait s'entretenir avec quelques-unes des pulpeuses créatures que Bernardin avait rebaptisées « Capsula Popo » et « Bertha von Paraboum ». En l'honneur de ce visiteur exceptionnel, Bernardin avait levé l'interdiction faite à tous les hommes d'approcher ses danseuses. J'avais profité de l'aubaine et assisté au spectacle rare du champion du bistouri en train de titiller le téton de « Stella Patchouli ». Barnard avait ensuite expliqué sans rire qu'il s'agissait d'une auscultation, puisque le téton se situait à gauche, côté cœur.

Hervé Bazin[1]

Il a été le chantre des familles commençant à se décomposer. Avec sa Folcoche et un cruel instantané de la vie conjugale en province : un vieux couple qui, chaque dimanche, s'en allait déjeuner au restaurant. Bazin, dont les anecdotes s'inspiraient de la vie réelle, avait remarqué que, à table et se sachant observés, les vieux époux, pour faire croire qu'ils se parlaient encore, remuaient les lèvres sans qu'il en sortît aucun son.

1. **Hervé Bazin** (1911-1996). Écrivain et journaliste français, notamment célèbre pour son roman autobiographique *Vipère au poing* (1948), inspiré de sa relation conflictuelle avec sa mère (surnommée, dans ce livre, « Folcoche »).

Guy Béart[1]

Nul spécialiste des variétés n'aurait pu prévoir que cet ingénieur à la voix de mêlé-casse deviendrait une vedette de la chanson et évoquerait nos problèmes de société tout en grattant sa guitare.

Nos relations avaient mal commencé. Parce que, dans une rubrique d'indiscrétions, j'avais fait état d'une grande amitié entre lui et Claude Pompidou, l'épouse du président de la République. J'eus beau lui expliquer qu'il voyait de la malice là où je n'en avais pas mis, il me raya de ses petits papiers.

Quelques dizaines d'années passèrent. Placés côte à côte dans un dîner bien parisien, nous reprîmes la conversation comme si elle s'était arrêtée la veille. À partir de ce moment, il me téléphona presque tous les jours. Pour se plaindre d'une époque décadente, pour vitupérer le gouvernement, pour dénigrer un show-biz auquel il se défendait d'appartenir. Il parlait tout le temps, ne me

1. **Guy Béart** (1930-2015). Chanteur, auteur, compositeur français, qui a connu le succès dans les années 1950 à 1980, particulièrement pour ses chansons « L'Eau vive » (1958) et « La Vérité » (1967).

laissant placer que des « Oh ! », des « Ah ! » ou des « Tu crois ? » lui prouvant que j'étais toujours à son écoute.

Un jour, pour visualiser enfin nos entretiens, il m'invita dans sa thébaïde de Garches. Une étrange demeure dont il avait été l'architecte, le décorateur et le paysagiste. Dans un désordre indescriptible, il y avait entassé des disques très antérieurs au microsillon, des coupures de journaux parfois très anciennes et un courrier auquel il répondait rarement. À tout propos, il se mettait à fredonner les refrains qu'il préférait, c'est-à-dire les siens. Il vivait seul, mais on murmurait qu'il était resté un séducteur et qu'il ne recevait pas que sa femme de ménage. Il ne sortait que pour se rendre chez son coiffeur. C'est en allant se faire rafraîchir une tignasse encore exubérante que le grand froid l'a saisi. J'ai compris qu'il était parti définitivement lorsque mon téléphone n'a plus sonné de bon matin.

Gilbert Bécaud[1]

J'ai eu d'excellents rapports, transformés en amitié, avec François Silly, un chanteur rebaptisé « Gilbert Bécaud ». Mon ami, le cher Louis Amade, préfet de police en second et délicat poète à des heures qui n'étaient pas du tout perdues, puisque ses paroles de chansons en avaient fait l'un des plus gros toucheurs de droits de la Sacem, m'avait alerté :

– Je viens de découvrir l'oiseau rare. Un beau garçon et un excellent musicien doté d'une voix comme on n'en a jamais entendu. On parlera bientôt beaucoup de lui...

Sa prophétie se réalisa au-delà de tous ses espoirs. Bécaud devint très vite l'une des principales têtes d'affiche du show-biz, collectionnant les tubes et affolant les groupies. Sur scène, il justifiait pleinement son surnom de « M. 100 000 volts » et s'accompagnait au piano

1. **Gilbert Bécaud** (1927-2001). Chanteur, compositeur et pianiste français, surnommé « M. 100 000 volts ». A connu une cinquantaine de succès dans les années 1950 à 1980, dont « Salut les copains » (1957), « Nathalie » (1964), « Je reviens te chercher » (1967), etc.

avec brio. Trois auteurs lui fournissaient les textes qu'il mettait en musique.

Entre Saint-Germain-en-Laye et Versailles, il avait acquis un vaste domaine. Au bout du parc, un chalet en bois faisait office de studio d'enregistrement et de salle de jeux. C'est là qu'à l'abri des importuns il composait ses mélodies et modulait leur expression vocale. Dans la pièce contiguë, un réseau ferroviaire miniature alternait gares, aiguillages, tunnels et passages à niveau. À genoux, Bécaud, coiffé d'une casquette de cheminot, donnait avec un sifflet le départ à ses convois, réglait leur allure, les stoppait devant un quai tandis qu'une sonorisation sophistiquée diffusait les bruits stridents si doux aux oreilles des adorateurs du chemin de fer : frottements syncopés des roues sur les rails, sirènes, annonces des haut-parleurs. Un charmant tableau qui m'a rappelé mon enfance. Pour mon anniversaire, on m'avait offert les premières petites locomotives ayant remplacé le charbon par le courant. Avec pour consigne de ne pas y toucher afin de laisser jouer tranquillement mon grand-père.

Le whisky a été cruel envers Bécaud. Il lui a confisqué sa voix avant de lui prendre sa vie.

Guy Bedos et Jean-Loup Dabadie[1]

À trois jours d'intervalle, l'humoriste et l'écrivain, si souvent complices, ont disparu en mai 2020.

Bedos était beaucoup plus à gauche que je ne suis à droite, mais il aimait évoquer notre amitié comme un signe d'ouverture d'esprit adressé à ceux qui lui reprochaient son sectarisme. De mon côté, je n'étais pas mécontent d'entretenir de bonnes relations avec un trublion qui ne ratait pas une occasion de massacrer mes idoles.

Dabadie, qui lui fournissait une part de son vitriol, était le plus doux et le plus charmant des garçons. Bien avant d'assister à sa réception à l'Académie française et alors qu'il venait tout juste de publier son premier roman, je lui avais fait découvrir le Festival de Cannes, où il n'avait jamais mis les pieds et dont il était chargé

1. **Jean-Loup Dabadie** (1938-2020). Écrivain, journaliste, dramaturge, scénariste (*César et Rosalie* [1972] de Claude Sautet, *La Gifle* [1975] de Claude Pinoteau, *Un éléphant ça trompe énormément* [1976], *Nous irons tous au paradis* [1977], tous deux d'Yves Robert, etc.), dialoguiste, parolier prolifique (Barbara, Michel Polnareff, Julien Clerc, Serge Reggiani, etc.) et académicien français, souvent qualifié de « mélancomique ».

d'assurer le compte rendu dans un magazine. Il aura été le premier auteur de chansons, de monologues et de sketches à se retrouver sous la Coupole. Je doute que l'illustre compagnie lui trouve un successeur aussi talentueux.

Jean-Paul Belmondo

On l'a surnommé « Bébel ». Pourtant, il n'était ni beau ni efféminé. Le cinéma en a fait un dur à cuire. Lorsqu'un film le montre suspendu à un hélicoptère en vol, on peut être certain qu'il n'a pas accepté, comme tant d'autres stars dans la même position, de se laisser doubler. Il avait autant de biceps lorsqu'il pratiquait la boxe que de caractère quand il avait baissé son pantalon et montré ses fesses au jury du Conservatoire, qui venait de lui décerner son Premier Prix de comédie. Quand il apparaît en petite tenue, au sortir d'une salle de sport, on comprend qu'il ne serait pas prudent de lui marcher sur les pieds.

Le recevant à déjeuner, je m'attends à me trouver en face d'une tornade sportive. Or, il est parfumé comme une cocotte et vêtu d'une chemise de soie trop grande, dont chaque manche recèle un bichon maltais. Pudique, il se montre plus disert sur ses longs-métrages que sur ses courtes liaisons. Mais l'on sait que les plus jolies actrices italiennes n'ont pas résisté à son charme. Dieu merci, la maladie qui a atteint sa motricité ne lui a pas confisqué la vie.

Pierre Bérégovoy[1]

J'avais beaucoup de considération pour cet ancien employé de la Compagnie du gaz promu chef du gouvernement. De temps à autre, il me téléphonait pour que je l'éclaire sur le sens d'un mot relevé dans un de mes articles. Sous d'autres signatures, il avait découvert la calomnie qui devait le pousser à se donner la mort, alors qu'il n'avait à se reprocher qu'un minuscule emprunt (rapidement remboursé) contracté auprès d'un ami du président de la République. Je n'ai jamais compris comment son chauffeur-garde du corps, qui n'ignorait pas ses penchants suicidaires, avait laissé traîner son arme de service dans la boîte à gants de la limousine de fonction. Lorsque, le jour de ses obsèques, François Mitterrand a comparé les journalistes à des chiens, j'en ai pris ma part sans insister sur le désamour élyséen que « Béré » n'avait pas supporté.

---

1. **Pierre Bérégovoy** (1925-1993). Homme d'État français, Premier ministre de 1992 à 1993. Il a mis fin à ses jours deux mois après avoir quitté le gouvernement.

Silvio Berlusconi[1]

Magnat de l'audiovisuel et futur Premier ministre de son Italie natale, il avait décidé de faire son marché à Paris. Venant de racheter la cinquième chaîne française, il ambitionnait de recruter des animateurs hexagonaux. Faisant partie des histrions qu'il souhaitait attirer, je m'étais retrouvé en tête à tête avec lui sous les vieux ors de l'hôtel des Maréchaux, où il avait installé son quartier général. Aucune fiche sur son bureau. C'est donc de mémoire que, d'emblée, il m'avait demandé des nouvelles de Colette, mon épouse, et de mes deux filles, dont il n'avait pas mentionné les prénoms. Il connaissait mon parcours par cœur et souhaitait me confier une émission comme il les aimait et comme je les détestais, c'est-à-dire avec des danseuses à forte poitrine et petit cache-sexe. Me laissant la journée pour réfléchir,

1. **Silvio Berlusconi** (né en 1936). Homme d'affaires et homme d'État italien, trois fois président du Conseil des ministres entre 1994 et 2011. Il est, ou a été, le propriétaire de plusieurs chaînes de télévision en Europe, dont La Cinq, diffusée en France de 1986 à 1992. Condamné en 2013 pour fraude fiscale et corruption.

il m'avait invité à partager ensuite son dîner. Dans la résidence qu'il avait louée pour un mois, nous étions une dizaine à pouvoir assister, médusés, à son numéro d'hôte parfait. D'abord, il cuisinait lui-même les spaghettis qu'il déposait devant nous. Ensuite, tandis que nous nous nourrissions, il pianotait des morceaux de jazz. À la fin du concert, il mit un disque et invita une consœur à danser. Séduits par le personnage, sa bouffe et sa musique, trois invités avaient accepté de signer sans attendre le contrat qu'à tout hasard il avait déjà fait préparer. Pour peu de temps, car les téléspectateurs français ne plébiscitèrent jamais les divertissements d'inspiration transalpine.

Stéphane Bern

Si je n'ai pas véritablement découvert le talent de Stéphane Bern, au moins ai-je contribué à y ajouter quelques facettes. Par exemple, en l'engageant parmi « Les Grosses Têtes » auxquelles, pour les besoins de leur déclinaison sur TF1, j'offrais à mes comparses des rôles de comédiens. Ainsi, Stéphane incarna-t-il sous ma houlette un boxeur sonné avec un œil au beurre noir puis, coiffé d'un bibi à voilette, la reine d'Angleterre. Il me raconta plus tard son entrevue avec la souveraine :

– À tous les gens qu'on lui présente, elle demande seulement « Comment êtes-vous venu ? », sans écouter la réponse.

Boulimique et surdoué, Bern est le roi de l'improvisation. Comme Yves Mourousi[1] qui, arrivant cinq minutes avant de présenter le journal télévisé, demandait dans l'ascenseur à son assistant « Qu'est-ce qu'il y a comme

1. **Yves Mourousi** (1942-1998). Journaliste français, présentateur du journal de 13 heures de TF1, de 1975 à 1988. Célèbre pour ses « Bonjour ! » rocailleux et ses coups médiatiques. Il n'a jamais caché son homosexualité dans les cercles parisiens.

actualité aujourd'hui ? », Bern ne prépare rien. Lorsqu'il invite un écrivain sans avoir lu son livre, il comble les attentes des attachées de presse en précisant une dizaine de fois le nom de l'éditeur.

Je l'ai vu jouer avec brio une pièce de théâtre, s'ériger en professeur d'histoire à la télé et même délivrer des messages publicitaires pour payer les réparations de son vieux collège. La macronie en a fait, de surcroît, la tête d'affiche du patrimoine. Au point que j'ai été très étonné qu'au dernier remaniement il ne figure pas parmi les membres du gouvernement.

Xavier Bertrand

Je l'invite à déjeuner. Je me régale à l'entendre, car il considère nos problèmes avec le pragmatisme d'un assureur plutôt que l'idéologie d'un énarque. Deux heures de conversation cordiales. Six mois plus tard, il me téléphone pour me souhaiter mon anniversaire. Un tribun aussi bien organisé devrait faire un bon présidentiable.

Maurice Bessy[1]

Pendant trois décennies, il a tiré toutes les ficelles au bout desquelles s'agitaient les vedettes du septième art. Rédacteur puis directeur de *Cinémonde*, historien du cinéma, biographe de Charlie Chaplin, il régentait les grands écrans sans jamais y apparaître.

L'apothéose de sa carrière s'était présentée sous la forme du poste très envié de délégué général du Festival de Cannes. J'avais découvert alors comment ce responsable si sérieux pouvait se transformer, sans perdre son flegme, en roi des farceurs. Avant que la compétition ne commence, il se faisait attribuer une chambre du Carlton sur la porte de laquelle il posait un panneau annonçant « Service médical ». Ensuite, les copains de Bessy – dont j'étais très fier de faire partie – parcouraient les couloirs du palace à la recherche de starlettes naïves. On demandait à ces infortunées si elles souhaitaient faire du cinéma. Naturellement, la réponse

1. **Maurice Bessy** (1910-1993). Écrivain, journaliste, historien du cinéma et scénariste français. Délégué général du Festival de Cannes de 1971 à 1977.

était affirmative. On leur expliquait alors qu'elles ne pouvaient pas être engagées pour tourner un film si l'on ne s'était pas assuré préalablement qu'elles étaient en bonne santé. La suite était un jeu d'enfant. Appâtées par la promesse d'un engagement rapide, les starlettes étaient conduites jusqu'à la fausse salle d'examen où, affublés d'une blouse blanche et d'un stéthoscope autour du cou, de prétendus médecins leur ordonnaient de se dévêtir avant de les ausculter sous le contrôle de Bessy, qu'ils appelaient « monsieur le professeur ». Après avoir été déclarées « bonnes pour la caméra », elles devaient poser à plat ventre sur une table, une rose délicatement insérée dans la partie la plus charnue de leur séduisante personne. Un photographe immortalisait la scène, avant que les clichés fassent le tour du Festival. Aujourd'hui, tout ce petit monde se retrouverait en correctionnelle.

Marcel Bigeard[1]

J'étais rassuré par la bonhomie et la simplicité de cet ancien employé de banque devenu l'officier français le plus décoré. Son interview menée au cours du « Journal de 13 à 14 heures », qu'à l'époque j'animais – sans aucune note – sur RTL, l'avait agréablement surpris :

– On m'avait dit que vos questions étaient toujours très méchantes. C'était faux. Mais sachez que si cela s'était confirmé, j'aurais feuilleté en direct votre livret militaire, que j'avais fait sortir à tout hasard des archives du ministère. Non sans vous faire remarquer que sous l'uniforme vous étiez plus fayot qu'en civil puisque, pendant votre service, vous aviez signé un petit bouquin intitulé *Comprendre l'armée*.

J'ai revu souvent le valeureux étoilé. Nous nous téléphonions alors qu'il occupait sa retraite à répondre lui-même et à la main à ses innombrables admirateurs.

1. **Marcel Bigeard** (1916-2010). Général vétéran de trois guerres et homme politique français. Député de 1978 à 1988.

Francis Blanche[1]

Il avait été le plus jeune bachelier de France à 14 ans. Il était la malice incarnée. Il ne rêvait que de canulars et de supercheries. Ancien pensionnaire des Branquignols de Robert Dhéry, Blanche triompha autant à l'écran que sur scène. Sous le pseudonyme de « M. Macheprot », il avait, à la radio mais par le truchement du téléphone, entraîné des centaines de braves gens dans les plus folles conversations.

Pour les besoins d'une confession destinée à paraître dans *Le Figaro*, il m'avait convié à venir déjeuner dans sa très belle villa de la région niçoise, dont j'avais pu faire une description détaillée et admirative. Blanche ne m'avait exprimé sa gratitude que deux mois plus tard :

– Merci pour ton article. Il m'a valu un redressement fiscal de plusieurs millions !

1. **Francis Blanche** (1921-1974). Auteur, acteur, chanteur et humoriste français. Célèbre pour ses sketches, coécrits et joués avec Pierre Dac, et pour ses rôles dans *Les Tontons flingueurs* (1963) et *Les Barbouzes* (1964), tous deux de Georges Lautner, ou *Belle de jour* (1967) de Luis Buñuel.

Boulimique de nourritures et de rôles, Blanche était aussi un ogre sexuel. Il entretenait simultanément trois liaisons, précisant volontiers que, chaque soir, il prenait le potage chez la première, le plat de résistance chez la deuxième, et le dessert chez la dernière. Pour gagner d'autres cœurs, il souhaita perdre une vingtaine de kilos. Souffrant par ailleurs de diabète, il succomba à un traitement amaigrissant trop fort, lui qui avait dit un jour : « Mourez maigre, mourez gros, la différence est pour les porteurs. »

Paul Bocuse[1]

J'avais trois raisons d'admirer le fameux restaurateur de Collonges-au-Mont-d'Or. D'abord, son talent de cuisinier qui lui valait trois étoiles et une renommée quasi mondiale ; ensuite, sa diplomatie qui le faisait vivre maritalement avec trois femmes devenues les meilleures amies du monde ; enfin, sa fantaisie débridée qui, certaines nuits chaudes, transformait un grand homme en petit plaisantin.

Il m'avait autorisé à assister à son canular préféré. Cela consistait à se rendre dans un quartier résidentiel, à dévisser les plaques en émail portant le nom d'une rue et à aller les fixer dans d'autres artères. Le lendemain, le facteur renonçait à sa tournée et les riverains eux-mêmes ne savaient plus où ils habitaient.

Avec sa haute taille, sa réputation et son caractère, Paul régnait sans partage sur un univers de chefs qu'il avait formés, de maîtres d'hôtel, de sommeliers, de

1. **Paul Bocuse** (1926-2018). Chef cuisinier français, nommé « cuisinier du siècle » par *Gault et Millau*, et « pape de la cuisine » en 1989.

petits commis et de pratiques huppées dont la fortune ne l'impressionnait pas. Lorsqu'un client, généralement américain, remplaçait le vieux bordeaux par un Coca-Cola, il interrompait son repas et, lui montrant la porte, l'informait qu'il lui faisait cadeau de tout ce qu'il avait commandé jusque-là.

Il a laissé trois veuves et trois étoiles. Les dames sont toujours là, mais le Michelin a déjà ratiboisé une étoile.

Alain Bombard[1]

Je l'avais connu bien avant qu'il devienne – pour quelques jours seulement – ministre, en 1981. Sa passion pour la biologie ne lui avait pas fait perdre le goût de l'aventure. Seul à bord d'un canot pneumatique, il avait traversé l'Atlantique en soixante-cinq jours. Le mauvais état de sa frêle embarcation lui ayant fait frôler plusieurs fois le naufrage, il avait lancé à la mer une bouteille contenant son testament. Après quoi, ne s'étant servi que de sa bouche pour regonfler le canot, il avait, selon sa belle formule, utilisé en guise de colle « le meilleur de lui-même ».

Aujourd'hui, les Bombard, insubmersibles et ne recourant pas forcément au même produit adhésif, flottent sur tous les océans.

1. **Alain Bombard** (1924-2005). Biologiste et homme politique français. Célèbre pour avoir traversé en solitaire l'Atlantique en canot pneumatique, en 1952. Il a raconté cet exploit dans un livre, *Naufragé volontaire* (1953), traduit en quinze langues.

De Borel[1] à Rivière[2], en deux lignes et moins ou plus

Jacques Borel, l'inventeur du Ticket-Restaurant, dirigeait une chaîne d'établissements peu prisés par les gastronomes. On a découvert tardivement la raison pour laquelle ses menus ne s'amélioraient pas : une maladie lui avait enlevé le sens du goût. L'actrice Pauline Carton[3], la concierge favorite des pièces et des films de Guitry, logeait dans un petit hôtel proche de la rue de Rivoli. Les valises qu'elle trimbalait à son arrivée dans la capitale quarante ans plus tôt lui servaient de placards : «Je ne les ai jamais complètement défaites, car je ne savais pas si j'allais rester à Paris.»

Jacques Deval[4] était un auteur à succès. Mais, un soir, il connut exceptionnellement un échec dont je

1. **Jacques Borel** (né en 1927). Industriel français, créateur du groupe Accor. A lancé, en 1968, la première chaîne de fast-foods et les premiers restoroutes.

2. **Jean-Marie Rivière** (1926-1996). Comédien, metteur en scène et directeur de music-halls (Café des Arts à Saint-Tropez, L'Alcazar et le Paradis Latin à Paris).

3. **Pauline Carton** (1884-1974). Comédienne française, célèbre pour ses rôles de bonne, de concierge ou de mégère.

4. **Jacques Deval** (1890-1972). Dramaturge, scénariste et réalisateur français. Père de l'écrivain Gérard de Villiers, auteur à succès de *SAS*.

rendis compte le lendemain en qualité de « soiriste » du *Figaro*. Il prit très mal mon articulet et écrivit au directeur de mon journal que, pour avoir un bon papier du benjamin de sa rédaction, il fallait « lui graisser la patte ». On m'interrogea. On fouilla mon compte en banque. On enquêta sur mon train de vie. Sans rien trouver d'anormal. Mais j'avais eu chaud.

Jacques Dufilho[1] fuyait les mondanités. Je l'ai traîné un jour chez Maxim's pour le réconcilier avec la vie à grandes guides. À l'entrée, un maître d'hôtel nous refoula sous prétexte que le talentueux acteur ne portait pas de cravate.

Fernand Legros[2] fut le plus créatif des amateurs d'art. Il peignait lui-même les tableaux de maître qu'il revendait à des gogos.

J'avais rapporté un méchant propos du producteur que l'actrice Michèle Mercier[3] avait enrichi. À savoir que la Marquise des anges « en avait plus dans le corsage que dans la tête ». Elle ne s'était pas fâchée pour autant avec lui, mais, passant sur le port à Saint-Tropez et me reconnaissant attablé dans un restaurant, elle me gifla à toute volée. Je me vengeai misérablement en écrivant, alors qu'elle souffrait d'une atteinte

1. **Jacques Dufilho** (1914-2005). Comédien français deux fois césarisé. Grand homme de théâtre, il est aussi célèbre pour ses rôles dans *Le Crabe-tambour* (1977) de Pierre Schoendoerffer ou *La Guerre des boutons* (1962) d'Yves Robert.

2. **Fernand Legros** (1931-1983). Marchand d'art et faussaire franco-américain.

3. **Michèle Mercier** (née en 1939). Comédienne et danseuse française, célèbre pour avoir incarné, dans les années 1960, Angélique « la Marquise des anges » dans les cinq épisodes de la saga éponyme.

dermatologique, qu'il « était normal d'avoir plein de boutons quand on s'appelait Mercier ».

Parisys[1] (de son prénom Marcelle) avait joué la comédie tous les soirs pendant un demi-siècle. Elle avait accepté de me recevoir chez elle pour évoquer le bon vieux temps. Surprise ! Elle trônait dans son salon sur un petit podium éclairé *a giorno*, tandis qu'un disque d'applaudissements tenait lieu de fond sonore. Elle m'avait avoué qu'elle ne pouvait vivre sans lumière et sans bravo.

Jean-Marie Rivière[2] dirigeait à Saint-Tropez un restaurant se glorifiant de présenter des artistes inconnus. En fait, il s'agissait de comédiens ratés et de chanteurs aphones que Rivière, en retenant ses fous rires, annonçait solennellement comme s'il avait réussi à débaucher Sacha Guitry et la Callas.

---

1. **Marcelle Parisys** (1892-1986). Comédienne, directrice de théâtre et chanteuse française.

2. **Jean-Marie Rivière** (1926-1996). Fondateur des cabarets mythiques L'Alcazar, L'Ange bleu, avant d'animer Le Paradis Latin, il fut considéré comme le roi des nuits parisiennes des années 1970.

Alphonse Boudard[1]

Sans constituer vraiment un modèle pour la jeunesse, il fut sans doute au XXe siècle le meilleur exemple de la rédemption par l'écriture. Son parcours était paradoxal, qui l'avait mené du bas de l'échelle sociale jusqu'en haut de la sphère culturelle. Son œuvre devait moins à l'imagination qu'à la mémoire. Son casier judiciaire en imposait davantage aux journalistes qu'une licence de lettres. Il avait vu de très près le crime et le vol, l'escroquerie et la prostitution. Il devait sa connaissance de l'univers pénitentiaire non pas à quelques visites, mais à de longs séjours. Des petits boulots, il était passé à la moyenne délinquance. Mais les magistrats qui l'avaient condamné pour de nombreux cambriolages lui avaient offert l'hébergement forcé lui permettant, davantage que la vie active, de réfléchir puis de noircir du papier. Il avait purgé ses peines avant de subtiliser quelques millions de francs aux clients des librairies.

1. **Alphonse Boudard** (1925-2000). Écrivain et scénariste français, célèbre pour la dureté de sa langue, presque argotique. Auteur de *La Cerise* (1963) ou des *Combattants du petit bonheur* (1977).

Parvenu aux deux tiers de sa vie, il pouvait s'enorgueillir d'avoir passé plus de temps à décrire le milieu qu'à être un mauvais garçon. C'est dans sa cellule de la prison de Fresnes qu'il avait troussé un premier roman, refusé par les éditeurs pour cause d'obésité, car il remplissait huit cents pages. De proportion plus modeste, sa *Métamorphose des cloportes* avait accéléré une carrière littéraire plus féconde en tournures argotiques qu'en imparfait du subjonctif. Pour aller de l'avant, il avait dû lutter contre les moralistes et la tuberculose mais évoquait sans dramatiser ses « éponges mitées ».

Quand Michel Audiard s'était brouillé avec Jean Gabin, il avait su prendre sa relève et faire parler de façon aussi pittoresque le plus bougon des grands acteurs français.

Appréciant sa gouaille, son bon sens et ses formules imagées, j'en avais fait l'un de mes interlocuteurs favoris sans le considérer pour autant comme un maître à penser, car je n'avais pas oublié les interventions choquantes de Papillon, le bagnard évadé de Cayenne, dans mes émissions.

Il est mort à 75 ans. Les lecteurs l'avaient sauvé. Pas les médecins.

Sylvia Bourdon et Madame Claude

On ne plaisantait pas, naguère, avec la bagatelle à la télévision publique. J'ai été mis à pied pendant quinze jours pour avoir reçu dans mon émission Sylvia Bourdon qui, avant de devenir salariée de l'Unesco, avait été l'une des premières stars du porno. Un entretien de bonne tenue, car la dame avait de la culture et du vocabulaire. Hélas ! j'avais voulu conclure par une pirouette aimable :

– En somme, madame, vous avez eu une vie bien remplie...

Alors que nous étions en direct, elle avait enchaîné :

– Oui, par tous les orifices...

Cela n'avait pas fait rire le président de la chaîne, auquel on prêtait pourtant maintes bonnes fortunes. Il m'avait accusé de tenir des propos graveleux à une heure de grande audience.

Lorsque, quelques mois plus tard, j'avais proposé une interview exclusive de Fernande Grudet[1], *alias*

1. Fernande Grudet, dite « **Madame Claude** » (1923-2015). Proxénète française, à la tête d'un réseau de prostitution de luxe dans les années 1960-1970.

« Madame Claude », on n'avait accepté qu'à la condition que la célèbre entremetteuse apparût en ombre chinoise et en différé. Jacques Quoirez, le frère de Françoise Sagan[1], client assidu de son agence, avait servi d'intermédiaire. Elle était arrivée coiffée d'un bibi prolongé par une voilette, les mains et les avant-bras gantés de noir. Ses paupières étaient toujours baissées. Sa jupe descendait jusqu'à ses bottines. Bref, la femme la plus convenable de France et peut-être du monde entier. Nous avons bavardé un quart d'heure sans qu'à mes questions précises et insidieuses elle réponde autrement que par « Je n'ai fait que présenter des jeunes filles à de vieux amis ».

Incrédule, la justice, qui l'avait poursuivie, était allée jusqu'à la condamner à plusieurs mois de prison tandis que le fisc lui réclamait un retard faramineux d'impôts sur son chiffre d'affaires. Écœurée par l'hypocrite pudibonderie de clients haut placés dont pas un seul ne lui était venu en aide, elle avait choisi de s'expatrier aux États-Unis avec l'intention de mener une carrière pâtissière. Il faut croire que la pâte à tarte est plus difficile à faire lever que le pain de fesses, puisque la faillite n'avait pas tardé.

Après quelques années de turbin, ses grandes filles, comme elle les appelait, firent de très beaux mariages sans avoir beaucoup d'enfants. Elles épousaient généralement

---

1. Françoise Quoirez, *alias* **Françoise Sagan** (1935-2004). Écrivaine, dramaturge et scénariste française, qui connaît le succès dès l'âge de 18 ans, avec la publication de son premier roman, *Bonjour tristesse* (1954), vendu à des centaines de milliers d'exemplaires et qui lui a valu le surnom de « charmant petit monstre ». Auteure également d'*Un certain sourire* (1955) ou d'*Aimez-vous Brahms...* (1959), de *Toxique* (1964), de *La Chamade* (1965), etc.

d'anciennes pratiques, mais pas n'importe lesquelles : des ministres, des ambassadeurs, des milliardaires. Parfois, lors d'un repas officiel, un notable chuchotait à l'oreille de son voisin en regardant la maîtresse de maison : « C'est une ancienne de Madame Claude. »

Elle est morte à 92 ans, la mémoire intacte mais sans avoir publié des souvenirs qui auraient fait concurrence au Bottin mondain.

Georges Brassens[1]

Il est sans doute le chanteur le plus génial que j'ai approché en même temps que la tête d'affiche la plus modeste. Il acceptait qu'on le considère comme un poète mais refusait le statut de vedette. À l'apogée de sa gloire, il sous-louait encore une chambre chez cette Jeanne à laquelle il avait dédié quelques couplets. Une petite pièce avec quelques livres et deux, trois gravures qu'il quittait chaque soir vers 22 heures pour aller à Bobino. Avant de racheter cette salle, je m'étais enquis des raisons de sa fidélité à cette scène de la rue de la Gaîté :

– C'est le seul music-hall assez proche de chez Jeanne pour que je puisse m'y rendre à pied.

1. **Georges Brassens** (1921-1981). Chanteur, auteur et compositeur français. Une des figures majeures de la chanson dite « à texte », grâce à des titres comme « Le Gorille » (1952) ou « Les Copains d'abord » (1964).

Jacques Brel

Il a longtemps fait partie de mes chanteurs préférés et de mes meilleurs amis. Un soir, à peine descendu de la scène de l'Olympia, il m'avait invité à dîner dans un bistrot de la rue de Caumartin. Encore plus sombre qu'à l'accoutumée, au troisième verre de vieux bordeaux, il m'avait gravement déclaré :

– Je vais te faire une confidence : je suis malade et fatigué. J'ai donc décidé de mettre fin à ma carrière. Je vais prendre la semaine prochaine l'avion pour une île lointaine et l'on ne me reverra jamais.

Eh bien, ce qui aurait dû constituer mon meilleur scoop est resté lettre morte. Ne voulant pas profiter d'une déprime passagère, l'ami a retenu la langue et le stylo du journaliste. J'ai gardé pour moi une information de première grandeur puisée à la meilleure source. Trois jours plus tard, la nouvelle s'est répandue comme une traînée de poudre sans que j'y sois pour rien.

Jean-Claude Brialy[1]

Il fut l'un de mes commensaux les plus proches avant que je sois – mais rien ne presse – son voisin au cimetière Montmartre. Fils d'un colonel, il avait préféré à la carrière des armes le métier d'histrion. Le succès lui était venu très tôt au théâtre puis au cinéma. Ayant beaucoup lu et presque autant retenu, il était le plus cultivé des comédiens. Il possédait, en outre, un humour dont il faisait souvent les frais en se moquant de son homosexualité. Il nous avait raconté que, recevant dans sa loge du Théâtre des Bouffes Parisiens, dont il était propriétaire et directeur, un ancien copain de régiment accouru avec sa petite famille, il lui avait rappelé l'époque où ils partageaient la faction nocturne et certains émois :

– Tu te souviens, la guérite ?...

1. **Jean-Claude Brialy** (1933-2007). Comédien, réalisateur, scénariste, propriétaire et directeur de théâtre, organisateur de festivals, animateur radio et écrivain français. Il a tourné dans plus de cent cinquante films, entre autres sous la direction de Claude Chabrol (*Le Beau Serge*, 1958), de Luis Buñuel, d'Éric Rohmer ou de François Truffaut (*Les Quatre Cents Coups*, 1959).

Il était mondain, baisait la main des dames en lorgnant leur mari, tutoyait le Tout-Paris et croulait sous les honneurs. Très malade, affaibli, sans voix et se sachant condamné, il a tenu à participer aux « Grosses Têtes » jusqu'à la veille de sa disparition. Il m'avait dit, en évoquant nos sépultures séparées seulement par quelques mètres : « Je saurai enfin ce que tu fais la nuit. »

Pierre Brisson[1]

En dépit de l'élection de maréchal qu'on lui avait promise, il refusa toujours de siéger sous la Coupole en compagnie des académiciens dont il avait fait pourtant les chroniqueurs réguliers de son *Figaro*. Il se méfiait de cette « fièvre verte » qui modifiait les comportements et altérait la raison des candidats à l'immortalité. En revanche, il n'avait pas évité la « fièvre rouge », arborait à la boutonnière les insignes de notre premier ordre national et adressait trois fois par an à la chancellerie une liste des journalistes « décorables » qu'on retrouvait dans la promotion suivante.

J'ai déjà relaté – sans fausse honte – comment, ancien garçon de courses promu petit rédacteur, j'avais réussi à approcher ce tout-puissant P-DG du *Figaro*. Pierre Brisson était à la fois timide et intimidant. Il terrifiait autant ses collaborateurs que le petit personnel. Son arrivée le

1. **Pierre Brisson** (1896-1964). Journaliste et écrivain français. Directeur de la publication, puis P-DG du *Figaro* de 1944 à 1964.

matin au journal était annoncée par un coup de fil du chauffeur. Immédiatement, le concierge neutralisait l'ascenseur principal afin que celui qu'on appelait « P.B. » (c'est par déférence que j'ai pris « Ph. B » comme initiales) pût s'y engouffrer sans perdre une minute de son précieux temps. On n'avait pas besoin de l'avoir vu pour savoir que le grand patron était arrivé, car il diffusait des effluves d'un parfum musqué qui perduraient jusqu'au soir. Inconcevable de solliciter un rendez-vous d'un potentat qui recevait surtout des ministres et des académiciens. Le seul espoir de pouvoir le rencontrer tenait à ce que tous les soirs à la même heure il se dirigeait vers les toilettes directoriales pour satisfaire un besoin naturel. J'avais donc imaginé de venir quelques minutes avant lui et de me poster à côté de la vasque – toujours la même – où il allait s'épancher, en m'efforçant, bien que ma prostate fût en meilleur état que la sienne, de consacrer le même temps que lui à la miction. Au bout d'une semaine de ce manège, P.B. m'avait demandé « Est-ce que vous travaillez ici ? » comme si un intrus avait pu s'introduire dans le saint des saints. Au fil des jours, j'avais osé lui dire que je faisais partie de sa rédaction, que j'étais passionné par ce métier, que j'étais plein d'idées et pas dénué de courage. Deux mois ne s'étaient pas écoulés que, pour poursuivre la conversation, il me faisait entrer dans ce bureau ovale où, d'un trait de crayon vert, il annotait les articles avant de faire et de défaire les gouvernements. Sachant que ma qualité de benjamin me valait d'aller confesser les vedettes, il m'avait donné son conseil auquel je dois mes meilleurs papiers et ma mauvaise réputation :

– Si vous voulez vous faire connaître, moquez-vous des gens plus connus que vous.

J'eus l'impression de faire partie de son premier cercle lorsqu'il m'invita chez lui afin de me montrer ses éditions originales de livres, qu'il ne manipulait qu'avec une peau de chamois.

Je le retrouverai un jour au cimetière Montmartre.

Patrick Bruel

Il passait son temps à jouer. Tantôt avec les cartes, tantôt avec les comédies, tantôt avec les cœurs. Idole des adolescents qui, dès qu'il apparaissait sur scène, allumaient leur briquet en signe d'enthousiasme, il cumulait tous les succès de chanteur, d'acteur et de don Juan. Apportant à toutes ses activités une intelligence aiguë, rapide et polyvalente, il triomphait régulièrement dans nos parties de poker. Lorsque, exceptionnellement, il perdait, il nous quittait sans même nous dire au revoir.

C'est avec lui que j'étais en train de titiller le hasard face à Vincent Lindon et Claude Zidi[1], lorsqu'un soir de 2001 Robin Leproux[2] accompagné de Jean-Charles de Keyser[3] sonna à ma porte. Les deux compères souhaitaient ardemment mon retour sur RTL, station qu'on

---

1. **Claude Zidi** (né en 1934). Réalisateur et scénariste français, célèbre pour ses comédies à succès : *L'Aile ou la Cuisse* (1976), *La Zizanie* (1978), *Les Sous-doués* (1980), *Banzaï* (1983), *Les Ripoux* (1984), etc.

2. **Robin Leproux** (né en 1959). Homme d'affaires français. Président du pôle radio RTL Radio France de 2001 à 2005.

3. **Jean-Charles de Keyser** (né en 1949). Homme d'affaires belge. Ancien vice-président de RTL Benelux, Europe de l'Est et Radio.

prétendait sinistrée depuis mon départ forcé. Après leur visite, je suis redescendu dans le sous-sol où j'avais installé ma salle de jeux. Sans oser dire à mes partenaires que j'étais sur le point de devenir l'un des très rares septuagénaires qu'après l'avoir mis brutalement à la retraite son employeur venait de réengager.

Je n'ai plus revu Patrick depuis longtemps. C'est par la presse que j'ai su qu'il avait remplacé des groupies peu farouches par des masseuses moins coopératives.

Art Buchwald[1]

Il m'épatait. À Paris, où il vivait joyeusement, cet Américain rédigeait chaque semaine une chronique reprise dans une cinquantaine de magazines. Il avait accepté que je fasse son portrait. Mais, avant que je pose ma première question, il m'avait avoué :

– J'avais pensé mettre un nœud dans mes cheveux et porter une petite robe pour vous recevoir.

Et, comme je le regardais interloqué, il m'avait expliqué :

– Lorsqu'un journaliste interviewe un autre journaliste, c'est comme quand on danse avec sa sœur...

---

1. **Art Buchwald** (1925-2007). Écrivain, journaliste et humoriste américain, éditorialiste pour le *Washington Post*.

Pierre Cardin[1]

C'est en réussissant à vêtir élégamment Marcel Achard – dont la morphologie bosselée décourageait tous les tailleurs – qu'il est devenu l'un des plus grands couturiers. Au point de racheter bon nombre des boutiques du faubourg Saint-Honoré et quelques domaines azuréens. Alors que, en Italie, son pays natal, il tirait le diable par la queue, en France, il était devenu milliardaire en accordant sa griffe à tous les produits y compris le papier toilette. La fortune ne lui avait pas tourné la tête, puisque je l'ai toujours vu travailler sur une simple planche posée sur deux tréteaux où il signait la totalité des chèques de son groupe et avec le téléphone par terre.

Son couple avec Jeanne Moreau[2] avait surpris ses amis les plus intimes. Sans doute était-il fondé moins sur le

1. **Pierre Cardin** (né en 1922). Grand couturier français, d'origine italienne. Considéré comme l'un des inventeurs de la mode futuriste, dans les années 1960.

2. **Jeanne Moreau** (1928-2017). Comédienne, réalisatrice et scénariste française. Révélée par Louis Malle, elle a tourné sous la direction des plus grands réalisateurs : François Truffaut, Orson Welles, Luis Buñuel,

désir de surprendre que sur une attirance réciproque. Alors qu'après la séparation j'interrogeais Cardin sur cette liaison, il m'a avoué : « Jeanne a été la seule femme que j'aurais été heureux d'épouser. »

Michelangelo Antonioni, Rainer Werner Fassbinder, etc., et a reçu les plus prestigieuses récompenses internationales.

Martine Carol[1]

Alors qu'elle avait fait rêver des centaines de milliers d'hommes, pas tous cinéphiles, son existence s'acheva en cauchemar. À l'âge où les stars n'en sont encore qu'au milieu de leur carrière, elle avait cessé de tourner sans que l'on sache si on ne lui proposait plus de rôles ou si elle avait pris volontairement ses distances avec les caméras. Intrigué par son absence et son silence, j'étais allé à Londres afin de la confesser. Elle m'avait reçu fort aimablement dans son petit palais, en me faisant les honneurs de sa collection de tableaux de maître. Puis, perdant son sourire, elle m'avait avoué qu'elle s'ennuyait à mourir. Certes, elle avait épousé en troisièmes noces un citoyen britannique, bel homme et riche comme Crésus mais qui, trop occupé par ses affaires, la délaissait souvent.

De temps à autre cependant, il l'emmenait en voyage. Ainsi, le couple s'était-il installé dans une suite de l'hôtel

1. **Martine Carol** (1920-1967). Comédienne française, rendue célèbre par son personnage de « Caroline chérie », dans les années 1950.

de Paris à Monte-Carlo. C'est là qu'un triste matin il découvrit morte la pauvre Martine. On affirma qu'à 46 ans elle avait succombé à une crise cardiaque. Mais de nombreux journalistes – dont votre serviteur – furent persuadés qu'il s'agissait d'un suicide.

Jean Castex

Il est l'archétype du notable de province dont sa boulangère et ses voisins ne disent que du bien et qui, le dimanche, se promène dans sa bourgade en famille en dodelinant de la tête comme les pigeons. Je ne lui reproche que son débit un peu lent à une époque où tout s'accélère, car il s'exprime en petits jets saccadés comme si les cailloux à l'aide desquels Démosthène s'exerçait à l'éloquence étaient descendus de la bouche jusqu'à la vessie.

De Cervantès à Simenon[1]

Dans le domaine littéraire, mon admiration va aux écrivains dont les personnages constituent par leur caractère, par leur folie, par leurs malheurs, d'immortelles références. Cervantès, auquel ses cinq années d'esclavage n'avaient pas coupé l'inspiration, fait figure de champion. Il nous a laissé Don Quichotte, Sancho Panza, Dulcinée, Maritorne et Rossinante. Molière se classe également en tête de l'inventif peloton. Nous lui devons – entre autres – des créatures passées du théâtre classique au langage courant, telles que Géronte, M. Jourdain, Harpagon, Alceste et le docteur Diafoirus. Sans Victor Hugo, nous n'aurions pas connu Jean Valjean, les Thénardier, Quasimodo, Esmeralda et Gavroche. Un grand merci à Flaubert, qui a campé pour l'éternité Emma Bovary, la provinciale désespérée, et M. Homais, le pharmacien

1. **Georges Simenon** (1903-1989). Écrivain et journaliste belge. « Un romancier de génie », d'après André Gide. Auteur, de 1931 à 1972, des fameuses enquêtes du commissaire Maigret (soixante-quinze romans policiers), souvent adaptées au cinéma ou à la télévision. Ses œuvres complètes font 72 volumes : 193 romans, 158 nouvelles, 176 romans publiés sous pseudonyme, etc.

raisonneur. Sans oublier les modèles de bêtise crasse dont l'un se nommait Bouvard. Georges Simenon est le dernier de la liste, avec son commissaire Maigret. La source semble ensuite, pour moi, s'être tarie.

César[1]

Son homonyme romain avait rédigé des *Commentaires*, le sculpteur marseillais multiplia les compressions. Le premier utilisait ses souvenirs, le second des véhicules souvent accidentés qu'il sauvait de la casse pour en faire des bijoux. Lorsque je l'ai connu, il était encore étudiant aux Beaux-Arts. Sa fonction de « grand massier » en faisait l'organisateur de toutes les festivités. En particulier, d'un bal annuel très couru où la nudité totale constituait la tenue imposée.

Devenu professeur de l'école dont il avait été l'élève et artiste très coté, il était le fournisseur attitré des richards et des municipalités. Les premiers payaient très cher des petites statuettes, les secondes avaient droit à des œuvres monumentales, comme *Le Centaure* ou *Le Pouce*, presque aussi grandes que lui. Tandis que j'accédais à une petite notoriété, nous nous sommes beaucoup fréquentés, d'autant que nos villas de l'arrière-pays niçois

1. **César** (1921-1998). Sculpteur français, connu pour ses sculptures soudées ou *Compressions*. Créateur du trophée en bronze de la cérémonie des Césars du cinéma français.

n'étaient séparées que par quelques kilomètres. Après une cure à base de soleil et de bouillabaisse, nous nous retrouvions dans l'avion reliant Nice à Paris. Attaché à la fois sur son siège et au plancher des vaches, il estimait comme moi que le pilote ne prenait pas assez d'altitude lorsqu'il survolait le Mont-Blanc. Il avait une peur panique de la mort, qui constituait, de ce fait, notre principal sujet de conversation. J'aime à croire que, passé dans un monde qu'on dit meilleur, il est rassuré aujourd'hui.

Claude Chabrol[1]

Déposé par la « nouvelle vague » près d'une plage où l'on ne restait pas longtemps sur le sable, il avait d'abord critiqué beaucoup plus de films dans les journaux qu'il ne devait en tourner dans les studios. Il était rare qu'à ses génériques on ne trouve pas le nom d'Isabelle Huppert, l'actrice à propos de laquelle Daniel Toscan du Plantier[2], l'un de ses amants, m'avait fait un jour cette confidence : « Quand, la nuit, je me réveille à côté d'elle, je pense que j'ai bien de la chance de coucher avec une vedette qui gagne des millions. »

Chabrol était un cinéaste talentueux, aussi méticuleux dans l'écriture de ses dialogues que dans le choix de ses interprètes. Son humour ravageur attirait une meute de

1. **Claude Chabrol** (1930-2010). Critique, réalisateur, scénariste, dialoguiste et producteur français. Figure de la « nouvelle vague ». En cinquante ans de carrière, il a réalisé une œuvre prolifique et éclectique, dont *Les Biches* (1968), *Que la bête meure* (1969), *Le Boucher* (1969), *Violette Nozière* (1978), *Une affaire de femmes* (1988), etc.

2. **Daniel Toscan du Plantier** (1941-2003). Producteur de cinéma et comédien français. Il a travaillé, entre autres, avec Federico Fellini, Robert Bresson, Maurice Pialat, etc.

questionneurs et lui valait des interrogations sans rapport avec son métier. Ainsi, l'ai-je entendu répondre à un journaliste politique qui lui demandait très sérieusement son avis sur le pouvoir en place :

– La France ne sera bien gouvernée que le jour où les ministres incompétents seront fessés cul nu sur la place publique !

Jacques Chancel[1]

Il était mon meilleur ami depuis notre rencontre aux Arts ménagers voilà soixante ans, alors que nous brodions chacun de notre côté sur les nouveaux presse-purée. Six décennies durant lesquelles, chaque mois, nous déjeunions ensemble en échangeant nos ragots, nos engouements et nos détestations. Il m'appelait « Filou » et il m'impressionnait par une culture beaucoup plus authentique que la mienne. Quand je l'ai vu pour la dernière fois, il était méconnaissable, ayant perdu plusieurs dizaines de kilos et l'usage d'une parole qu'il avait si bien maîtrisée. Le soir de sa mort, je suis allé parler de lui au journal télévisé de « la deux ». Il faut croire que je n'étais pas dans mon état normal puisque, au lieu de saluer ses « Grand Échiquier » et ses « Radioscopie », j'ai évoqué les numéros – le 26, le 29 et le 32 – sur lesquels il misait invariablement lorsque nous jouions à la roulette.

1. **Jacques Chancel** (1928-2014). Journaliste et écrivain français. Animateur pendant vingt-deux ans de l'émission quotidienne « Radioscopie », sur France Inter, et durant dix-sept ans du « Grand Échiquier » sur Antenne 2.

Par faveur exceptionnelle, il repose au pied de son manoir pyrénéen, battu par les vents de son enfance, loin des foules qu'il avait diverties et éduquées.

Jacques Chazot[1]

Pendant plusieurs mois, j'ai constitué sur le petit écran un duo humoristique avec lui. À propos des contemporains les plus en vue, nous improvisions force méchancetés ponctuées de bons mots parfois répétés à l'avance. Chazot était un merveilleux danseur qui levait encore plus le coude que la jambe, qui allait de l'Opéra-Comique à l'Hôtel de Ville, où il faisait valser bénévolement les vieilles dames, racolait les hommes mariés et qui avait ses entrées à Matignon. Ainsi, m'avait-il un jour annoncé triomphalement : « Georges est d'accord pour te recevoir. » Georges n'était autre que Pompidou, alors Premier ministre du Général, et dont je sollicitais en vain depuis des semaines un entretien. À l'heure dite, je m'étais présenté au poste de garde. Un gendarme m'avait accompagné jusqu'au bureau où le futur deuxième président de la Ve République signait son courrier. Sans relever la tête, il était resté plongé dans ses parapheurs.

1. **Jacques Chazot** (1928-1993). Danseur étoile, comédien et écrivain français. Réputé pour son esprit caustique, il a été sociétaire des « Grosses Têtes » dans les années 1980.

À mes questions circonstanciées, il n'avait répondu que par monosyllabe ou par des silences prolongés. J'en avais déduit qu'il ne me recevait que pour faire plaisir à son ami Jacques et qu'il se moquait comme d'une guigne d'un grand article dans *Le Figaro*. Après une demi-heure de ce que je n'osais appeler une interview, je regagnai le journal sans avoir pris la moindre note, faute d'autres propos audibles que « Bonjour » et « Au revoir » qui avaient encadré notre absence de conversation. Le surlendemain, j'ai quand même publié – avec annonce en première page – cinq feuillets relatant mon entretien (*sic*) avec le chef du gouvernement. Pour tirer à la ligne, je décrivais le parc, répertorié comme le plus grand jardin privé de la capitale, le ballet des chargés de mission et des gardes républicains, le mobilier datant du Premier Empire, les photos de famille accrochées sous le portrait du Général. Après quoi, j'énumérais toutes mes interrogations sans avouer qu'elles étaient tombées à plat. Encore aujourd'hui, je me demande par quelle grâce d'État j'ai pu donner à un énorme fiasco l'apparence d'une performance professionnelle.

Quelques semaines plus tard et sans que je l'aie informé du piètre accueil que m'avait valu sa recommandation, Chazot me rappelait :

– Coco est d'accord pour que tu m'accompagnes à l'un de ses déjeuners.

Coco, c'était Chanel, la grande prêtresse de la haute couture qui s'était taillé une réputation quasi universelle avec ses petits tailleurs couleur pastel dont la veste était intérieurement cerclée par le cordon doré constituant sa marque de fabrique. Elle logeait à l'année dans un appartement de l'hôtel Ritz qui faisait face à ses ateliers de la rue Cambon. Une vraie légende. Elle avait vécu longtemps avec le duc de Westminster[1] avant de s'amouracher de ses plus jolis mannequins. Elle adorait Chazot, parce qu'il était drôle et parce qu'il la traitait, bien qu'elle eût dépassé 75 ans, comme une petite fille. Au moment du café, elle venait s'asseoir sur ses genoux pour fumer une cigarette tandis qu'il lui caressait les cheveux. En toutes autres circonstances, elle imposait sa volonté et usait d'un langage très personnel. Alors que je prenais congé, elle m'avait dit : « Demandez-moi un jour à manger, je vous enverrai mon mécanicien. » Ce que Chazot avait traduit dans l'ascenseur en se tenant les côtes : « Si tu reviens, elle t'enverra son chauffeur. »

Il a rendu l'âme dans le lit à baldaquin que, pour ses derniers jours, son ami Brialy avait mis à sa disposition dans son château.

1. Hugh Grosvenor, deuxième **duc de Westminster** (1879-1953). Aristocrate britannique.

Maurice Chevalier[1]

Sorti du peuple, il a été le plus populaire des chanteurs. Un accent français à couper au couteau ne l'a pas empêché de conquérir l'Amérique. Sa vie amoureuse s'est souvent confondue avec son existence artistique. Il aurait séduit Mistinguett, dont il était l'un des boys, en se retrouvant en sa compagnie à l'intérieur d'un tapis providentiellement enroulé.

Je l'avais beaucoup brocardé de loin avant de devenir l'un de ses proches. Invité plusieurs fois à déjeuner dans sa propriété de « La Louque » (le surnom affectueux de sa vieille maman) à Marnes-la-Coquette, j'ai pu constater, fourchette en main, combien était injustifiée sa réputation de radinerie. Si, à sa table, on ne servait pas le caviar à la louche, au moins n'était-on pas obligé de choisir entre fromages et dessert. Il n'y avait pas de maîtresse de maison, mais on apercevait parfois dans le

1. **Maurice Chevalier** (1888-1972). Chanteur, auteur, compositeur, comédien et écrivain français. Une des grandes vedettes de la chanson du XXe siècle, oscarisé en 1958 pour sa « contribution de plus d'un demi-siècle au monde du spectacle ».

parc la silhouette d'une jolie dame, ultime conquête à laquelle le vieux don Juan interdisait tout autre contact que le sien.

Pendant sept décennies, « Momo » avait obtenu tout ce qu'il désirait et parfois davantage. Jusqu'à ce qu'un académicien facétieux mette le ver dans le fruit trop mûr en insinuant qu'il lui serait facile de passer de la scène à la Coupole. La proposition parut d'autant plus normale à Chevalier qu'il était fier d'avoir publié dix volumes de souvenirs sous le titre générique de *Ma route et mes chansons*. En fait, on s'était moqué de lui.

Vers la fin de sa vie, une « attaque » – sans doute ce qu'on appelle aujourd'hui un AVC – l'avait cruellement touché. Je l'ai vu pour la dernière fois sur les Champs-Élysées. Félix Paquet, l'ancien fantaisiste devenu son secrétaire, qui l'accompagnait dans toutes ses sorties privées, alors qu'un autre préposé le chaperonnait pour ses déplacements artistiques, se montra rassurant :

– Regardez comme Maurice a fait des progrès. Il marche maintenant tout seul...

J'eus la curiosité d'y regarder de plus près. Félix, qui marchait derrière Maurice, lui poussait l'un après l'autre les pieds avec la pointe de ses chaussures...

Jacques Chirac

Cette année-là, il y avait deux invités d'honneur à la Grande Foire aux fromages de Coulommiers, mon patelin natal : Jacques Chirac et votre serviteur. Je me retrouve pendant trois heures d'horloge à côté d'un ancien Premier ministre et futur président de la République. Il me détaille avec humour les petits côtés de la politique : les trahisons, les rapprochements, les jalousies, les calomnies, les reproches qu'on fait à Bernadette pour des dépenses de bouche estimées trop élevées. Il reconnaît sa dilection pour la bière mexicaine mais pondère la passion qu'on lui prête pour la tête de veau :

– On en parle beaucoup plus que je n'en mange.

En 2015, Jacques Chirac est au plus mal. Bernadette demande à un prêtre de lui administrer l'extrême-onction. Les jours suivants, l'ancien président semble aller mieux sans avoir pour autant récupéré toutes ses facultés mentales. Sans qu'Yves Grosgogeat, son cardiologue attitré (et le mien), ne comprenne les raisons de cette survie :

– C'est un mystère médical.

Philippe Clay[1]

Je n'oublierai jamais son dernier coup de fil :

– Je voulais te dire adieu, car tu es mon plus vieil ami et je vais mourir ce soir.

Cueilli à froid par une situation extrême, je bredouille des dénégations :

– Tu as une très bonne voix. Les médecins se trompent souvent. Le pire n'est jamais sûr.

Il insiste :

– On m'a assuré que je ne passerai pas la nuit. Adieu.

J'essaie de m'en tirer par une formule de politesse en contradiction avec mon ambition personnelle :

– À bientôt !

J'ai connu Clay lorsque j'avais 18 ans et que j'allais danser à la Taverne de l'Olympia, où, entre un tango et un slow, il fredonnait son déjà fameux « Le Noyé assassiné ». Par la suite, nous nous étions souvent revus

1. **Philippe Clay** (1927-2007). Chanteur, comédien et danseur français. Vedette de l'Olympia à la fin des années 1950. Interprète des « Voyous » (1955), du « Danseur de charleston » (1955) et de « La Complainte des Apaches » (1974), générique des « Brigades du Tigre ».

et j'avais admiré sa polyvalence : chanteur à succès, comédien très demandé qui devait à un physique peu commun d'avoir interprété Valentin le Désossé, bricoleur tout corps d'état qui avait, sans aucune aide, effectué dans le château historique racheté pour une bouchée de pain tous les travaux d'électricité et de plomberie. À quoi s'était ajoutée un temps une entreprise d'astaciculture qui avait bu le bouillon, malgré une succulente bisque d'anguilles.

Henri-Georges Clouzot[1]

Dans les années 1970, il était l'idole des médias. Aujourd'hui, il ferait figure d'épouvantail. Et doublement, car non seulement il envoyait à ses interlocuteurs les volutes empoisonnées de sa bouffarde, mais encore, avant chaque tournage, il giflait à tour de bras ses actrices afin, expliquait-il, de libérer leur talent.

J'ai été témoin (professionnel) de son mariage avec l'une d'elles. La cérémonie civile, qui avait lieu à la mairie de Saint-Paul-de-Vence, avait rameuté des journalistes accourus du monde entier. Au point que Clouzot avait dû négocier avec ses poursuivants pour qu'ils ne troublent pas, le lendemain, la célébration religieuse :

– Si vous acceptez de ne pas entrer dans l'église où je préférerais rester en famille, je vous promets qu'à la sortie, sur le parvis, nous referons pour vous, ma femme et moi, autant de fois que vous le souhaiterez, la scène des alliances.

1. **Henri-Georges Clouzot** (1907-1977). Scénariste, dialoguiste et réalisateur français, célèbre pour la noirceur de son œuvre, l'une des plus importantes du cinéma français d'après-guerre (*Quai des Orfèvres* [1947], *Le Salaire de la peur* [1953], *Les Diaboliques* [1955], etc.).

Coluche

Trente-cinq ans après sa disparition, on cite beaucoup plus ses boutades que les pensées de Confucius. Ses yeux sont fermés à jamais, mais le regard qu'il portait sur notre société demeure d'une inquiétante lucidité. Il n'était pas passé par le Conservatoire mais par Le Splendid, où il avait noué des amitiés et des liaisons. Sous une apparence un peu grossière, il était le plus fin, le plus subtil et le plus intelligent de sa génération.

Appâté par ses premiers succès, je l'avais invité dans mon émission « Samedi soir » et assis entre Salvador Dalí et un ancien ministre. Quand était venu son tour de s'exprimer, il avait su dérider l'assistance et les téléspectateurs. Lorsque, durant trois semaines, j'ai tourné en sa compagnie dans *L'Aile ou la Cuisse*, j'ai constaté combien il pouvait se montrer humble en présence de certains génies. Devant Louis de Funès, il devenait aussi muet que s'il n'avait pas accédé, comme lui, au vedettariat.

Sa maison, située près du parc Montsouris, accueillait chaque soir une jeunesse ardente et très douée. On parlait beaucoup, on buvait davantage et on sniffait encore plus. Coluche faisait figure de patron. Il utilisait avec bonheur toutes les formes d'expression en multipliant les axiomes qui faisaient mouche.

Une image me poursuit toujours : dans un fiacre, Coluche couronné de fleurs d'oranger et en robe blanche de mariée fait semblant de filer le parfait amour avec Thierry Le Luron[1] en jaquette et coiffé d'un haut-de-forme. On a fait ensuite la fête et tout le monde en a parlé. Sauf que, comme pour donner raison aux esprits chagrins qui avaient crié au sacrilège, les deux faux époux (ils voulaient moquer le mariage d'Yves Mourousi) sont morts dans l'année.

Sa candidature à la magistrature suprême tourna très mal. Certes, elle lui avait valu un supplément de célébrité et des sondages attestant que pas loin de 30 % des électeurs le prenaient au sérieux et l'auraient bien vu à l'Élysée. Mais ses adversaires riaient jaune et s'activèrent afin de dégoupiller la grenade qu'il constituait pour les professionnels du suffrage universel. Suivi jour et nuit et menacé de mort, Coluche dut accepter la protection policière que l'État lui proposa. Il finit par rendre les armes en retirant sa candidature.

Lorsque, cinq ans plus tard, ce champion du monde de moto trouva la mort au sortir d'un garage d'Opio, de méchantes langues mais aussi quelques observateurs patentés émirent l'hypothèse d'un télescopage provoqué. Résidant l'été à quelques centaines de mètres de ce

1. **Thierry Le Luron** (1952-1986). Humoriste et animateur français, extrêmement célèbre dans les années 1970-1980 pour ses imitations de personnalités politiques et médiatiques.

garage, j'ai pu me rendre compte à quel point la rencontre fortuite entre un motocycliste capable d'atteindre deux cent cinquante-deux kilomètres par heure, mais roulant ce jour-là à faible allure, et un poids lourd circulant sur une route sinueuse et étroite était improbable. L'enquête sur l'accident a tourné court. Le garage est aujourd'hui encore un lieu de pèlerinage.

René et Germaine Coty[1]

En 1953, je n'ai pas quitté Versailles pendant une semaine, bloqué par la neige paralysant la circulation et par une élection présidentielle qui s'éternisait. Aucun des candidats n'était parvenu à rallier une majorité. Pour se détendre, certains congressistes – on était sous la IVe République et le président se voyait élu par les seuls parlementaires – avaient déposé dans l'urne des bulletins aux noms de Brigitte Bardot et de Ferdinand Lop, un professeur de dessin retraité qui briguait la magistrature suprême en haranguant la foule, debout dans la voiture décapotable que moi-même je conduisais. En tête du programme de ce dernier, outre l'extinction du paupérisme après 10 heures du soir, figurait le projet de prolonger le boulevard Saint-Michel jusqu'à la mer, afin de permettre aux étudiants de se baigner tous les matins.

1. **René Coty** (1882-1962). Homme d'État français, second et dernier président de la IVe République (1954-1959). Sa femme est morte d'une crise cardiaque en 1955 – première fois dans l'histoire de France que l'épouse d'un président de la République décède pendant le mandat de son mari.

Au treizième tour cependant, le nom de René Coty était sorti de l'urne. À la grande surprise de ceux qui avaient voté pour lui, car il ne s'agissait, dans leur esprit, que de saluer au passage un politicien particulièrement méritant et intègre. Tout ce qu'on savait du vainqueur dans les salles de rédaction où l'on cherchait vainement sa photo, c'était qu'il avait été après la guerre secrétaire d'État à la Reconstruction et qu'il ne possédait pas plus de voiture que de téléphone.

Benjamin de la presse présente, on m'avait délégué jusqu'au quai aux Fleurs, où il habitait, avec mission d'informer son épouse que son mari venait de devenir chef de l'État. Germaine Coty m'avait ouvert la porte sans avoir eu le temps d'ôter ses bigoudis et son tablier blanc. À la question de savoir ce qu'elle allait faire devant cette promotion inattendue, elle m'avait répondu par cette phrase qui devait faire le tour de la France :

– Je vais lui faire une tarte !

Quelques jours plus tard, pour me remercier de l'avoir prévenue, elle m'avait convié à partager leur premier dîner à l'Élysée. Un repas d'une rare simplicité. Le nouveau président allait chercher les plats à la cuisine et me traitait comme un vieil ami. À telle enseigne que, pendant son quinquennat (il renoncera aux deux dernières années de son septennat pour laisser la place au Général), je l'ai accompagné presque partout. En particulier pendant ses vacances à Menton. J'allais le chercher tous les matins à la Villa Serena, et nous nous promenions en bavardant. Pendant des années, j'ai profité d'un statut privilégié qui me permettait de garer ma voiture dans la cour du palais présidentiel chaque fois que je faisais des courses rue Saint-Honoré et de prendre mes notes sur le bureau du premier magistrat du pays, quand, à propos d'une question sur l'actualité, Pierre Brisson m'avait enjoint :

– Allez donc interroger le président.

Les Français ont très vite adoré Germaine Coty, qui avait, au début, suscité les moqueries des humoristes. Quand elle est morte soudainement au château de Rambouillet, je me suis retrouvé au pied de son lit avec mon confrère Michel Péricard[1], qui devint par la suite mon meilleur ami.

Je dois à René Coty une confidence qui aurait pu constituer mon plus sensationnel article si Pierre Brisson n'avait jugé plus prudent de ne pas diffuser une information risquant de provoquer une crise politique sans précédent. Poussé par son entourage qui supportait mal la perspective de s'éloigner du pouvoir, René Coty était revenu sur sa promesse d'aider de Gaulle à passer sans attendre de Matignon à l'Élysée. En prononçant cette phrase que j'avais scrupuleusement notée :

– Je n'accepte pas qu'on me signifie mon congé comme à une femme de ménage.

La dernière image que je garde de lui est celle de son retour au Havre. Après des adieux très solennels et assez émouvants, il avait retrouvé l'appartement où il avait si longtemps vécu avec Germaine. Au coin de

1. **Michel Péricard** (1929-1999). Journaliste de radio et de télévision, et homme politique français. Député RPR (1988-1999) et maire de Saint-Germain-en-Laye (1977-1999).

l'âtre, il s'était assis dans son vieux fauteuil de cuir avec un vieux chien à ses pieds. Je le saluais pour la dernière fois. En le laissant presque seul. Les courtisans étaient restés à Paris.

Pierre Dac[1]

Né André Isaac, rescapé de la Shoah, ce pape de la loufoquerie alternait les trouvailles hilarantes et les tentatives de suicide. Il avait publié un roman policier intitulé *L'assassin vient la bouche pleine*, signé Agaga Frichti, avant de rejoindre les chansonniers. Il affublait ses personnages de patronymes rigolos : le colonel de Guerlasse et le commissaire Poilauluc. Il dirigeait aussi un hebdomadaire satirique et déjanté à l'enseigne de *L'Os à moelle*.

Son mariage artistique avec Francis Blanche avait donné naissance à de nombreux enfants tous plus turbulents les uns que les autres sous la forme de *Malheur aux barbus*, un feuilleton radiophonique poursuivi durant deux cent treize épisodes, et d'un dialogue où les deux compères incarnant, qui un journaliste,

1. **Pierre Dac** (1893-1975). Humoriste et comédien français. Célèbre pour son duo avec Francis Blanche, avec qui il coécrit sketches et feuilletons radiophoniques. Créateur de *L'Os à moelle, organe officiel des loufoques* (1938-1940), et inventeur du Schmilblick et du mot *chleuhs*.

qui un religieux hindou baptisé « le Sâr Rabindranath Duval ». Je ne les ai jamais entendus interpréter ce sketch sans que, vers la fin, ils soient pris d'un authentique fou rire.

Salvador Dalí[1]

Pendant plusieurs années, j'ai joué auprès de lui le rôle de faire-valoir. Lorsqu'il prenait ses quartiers de printemps parisien à l'hôtel Meurice, j'arrivais aussitôt. Je connaissais ses tics et, surtout, le frémissement de sa célèbre moustache pommadée et soigneusement entretenue indiquant qu'il n'était pas dupe de ses délires et qu'il éprouvait une certaine jubilation à mystifier les médias. Il fut sans doute le premier à évoquer l'ADN par une formulation à l'époque peu compréhensible, mais avec laquelle il se gargarisait en détachant les syllabes :

– A-ci-de dé-so-xy-ri-bo-nu-clé-ique.

Je n'ignorais rien non plus de son entourage : l'androgyne Amanda Lear, dont il prétendait qu'elle l'avait guéri du plaisir solitaire ; une crémière de Ménilmontant qu'il avait surnommée « Louis XIV » en raison de sa tignasse bouclée comme une perruque ; et son homme à tout faire – « le capitaine Moore » –, dont il s'était

1. **Salvador Dalí** (1904-1989). Peintre espagnol prolifique et excentrique, lié au mouvement surréaliste. Figure majeure de la peinture du XXe siècle.

séparé parce qu'on en parlait trop dans les journaux. Les élèves de Polytechnique l'ayant un jour invité à venir faire une conférence, il s'était rendu à l'école à bord d'une Rolls-Royce pleine de choux-fleurs. Puis il était monté à la tribune en égrenant l'une de ses improvisations au fil desquelles il disait n'importe quoi avant de terminer par un paradoxe irrésistible.

Son dernier gag lui a été fatal. Il est mort brûlé vif dans son lit par un mégot mal éteint. Passant du torride au glacial, il a été cryogénisé avant de rejoindre Gala[1] dans la crypte de son château de Cadaqués. Gala avait d'abord épousé Paul Eluard. Le poète s'était vengé d'avoir été supplanté par le peintre, à l'aide d'une anagramme : utilisant dans le désordre les lettres composant son patronyme, il l'avait surnommé « Avida Dollars ».

1. **Gala Dalí** (1894-1982). Poète russe, épouse et muse de Salvador Dalí.

Dalida

Dans les années 1970, cette ancienne Miss Égypte formait un couple très en vue avec Lucien Morisse, un rouquin maigrelet aussi intelligent que laid. Lucien dirigeait Europe 1 en compagnie de Pierre Delanoë, ancien inspecteur du fisc brillamment reconverti dans la chanson. Je les ai beaucoup fréquentés. Dalida rameutait des milliers d'admirateurs lorsqu'elle fredonnait « Bambino » mais aussi à l'aide de sa beauté sculpturale et d'un accent qu'on la soupçonnait de veiller à ne pas perdre. Elle m'appelait « Papa », car elle trouvait que je ressemblais à son père disparu très tôt. Lucien était mon partenaire au poker. Leur ménage ne durera pas très longtemps. On prêta nombre d'aventures à Dalida, dont une idylle avec François Mitterrand, qu'elle avait beaucoup soutenu pendant sa campagne électorale. Lucien, inconsolable de la séparation et en difficulté professionnelle, se donna la mort. Dalida passa de bras en bras, invariablement déçue par des séducteurs volages. L'un, pilote de ligne, n'apparaissait que deux jours par mois. L'autre était marié et père de famille. Un troisième ne cachait pas sa bisexualité. Souvent victorieuse au poker, elle était vaincue par la vie. On la savait dépressive sans qu'on se risquât à la surveiller. Son suicide attrista beaucoup de monde mais ne surprit personne.

Orlando, son frère, lui a survécu. Il continue à tenir le rôle de « frère de Dalida ».

Pierre Daninos[1]

Anglophile et anglomane, il devait sa grande notoriété au major Thompson, un Anglais inventé dont il rédigea les carnets qui furent un succès de librairie. Il avait également marqué les esprits avec son personnage de « M. Blot », archétype du petit-bourgeois français. Son humour était méticuleux, ses paupières toujours baissées pour mieux observer ses contemporains pendant des semaines avant de les caricaturer. Rien chez lui n'était improvisé. Jean-Jacques Gautier[2], son ami, m'avait relaté que, convié à dîner chez lui, il avait eu la curiosité de regarder après le repas l'agenda qui trônait sur son bureau. À la page du jour figurait la liste des histoires drôles à l'aide desquelles il se proposait de divertir ses invités.

Sa réussite personnelle ne lui avait pas fait perdre son sens de la famille. J'étais de permanence au service des

1. **Pierre Daninos** (1913-2005). Écrivain, journaliste et humoriste français. Ses *Carnets du major Thompson* (1954) ont rencontré un succès international.

2. **Jean-Jacques Gautier** (1908-1986). Journaliste, écrivain et académicien français.

informations générales lorsque, le jour où Albert Camus[1] avait trouvé la mort à bord d'une automobile Facel Vega, il téléphona pour demander qu'on s'abstienne de citer la marque... dont son frère était le créateur.

1. **Albert Camus** (1913-1960). Écrivain, philosophe et journaliste français. Auteur de romans (*L'Étranger* [1942], *La Peste* [1947]), de pièces de théâtre, de films, de poèmes et d'essais. Prix Nobel de littérature en 1957.

Frédéric Dard[1]

Je l'appelais « Frédo » avec tout le respect dû à ses nombreux talents. Père putatif de San-Antonio, il excellait dans tous les genres : le théâtre avec Robert Hossein[2] ; le cinéma avec les plus grands réalisateurs ; les monologues ; les essais et les chroniques. Une vaste érudition ne l'empêchait pas d'apprécier les calembours, les à-peu-près et ce qu'il annonçait comme des « plaisanteries de garçon de bain turc ». Perpétuellement inspiré et toujours très rapide, il pouvait trousser en quelques heures un dialogue ou un roman.

Fortune faite, il s'était retiré en Suisse. Sa villa jouxtait une grande ferme où il faisait élever des bovins et cultiver des légumes. Une fois par trimestre, il venait à Paris et je le recevais à déjeuner. Lors de sa dernière visite,

1. **Frédéric Dard** (1921-2000). Écrivain, dramaturge et scénariste français particulièrement prolifique. Auteur des célèbres aventures du commissaire San-Antonio.

2. **Robert Hossein** (né en 1927). Réalisateur, comédien, scénariste et metteur en scène français. Grand défenseur du théâtre populaire. Réputé, entre autres, pour ses spectacles dans lesquels il développe une forme d'interaction avec le public.

je remarquais pour la première fois qu'il avait beaucoup de mal à tenir sa fourchette et à la porter à sa bouche. Émettant le diagnostic d'un problème de vertèbres et sans attendre sa confirmation, j'appelais mon ostéopathe qui fixa d'autorité un rendez-vous dont Frédo sortirait guéri. L'intéressé me regardait en souriant sans protester. Il nota dans son agenda le nom du praticien et son adresse. Je n'ai appris que plus tard, par un ami auquel j'avais raconté fièrement ma démarche, pour quelle raison Dard n'avait jamais été voir mon ostéopathe. La gêne dont il souffrait était due à une malformation de naissance inopérable.

Il n'est plus de ce monde, mais je pense à lui plusieurs fois par jour en regardant la jolie pendule dont il m'avait fait cadeau pour mon soixantième anniversaire.

Claude Darget[1]

Qui se souvient aujourd'hui de cet ancien journaliste sportif, aussi à l'aise devant les caméras que sur les courts de tennis, sinon votre serviteur ? Darget fut le premier présentateur du journal télévisé. Il officiait chaque soir à 20 heures simplement vêtu d'une chemise à manches courtes, sa tenue habituelle. Après chaque nouvelle importante, il donnait son avis en fustigeant souvent le pouvoir en place.

Darget avait deux bêtes noires. D'abord, les dirigeants de la chaîne. Lorsque ces derniers lui reprochaient sa liberté de parole, il protestait en installant sa table de travail sur le palier devant la porte de l'ascenseur et prenait tous les visiteurs à témoin de son calvaire. Ensuite, il ne pouvait pas sentir Léon Zitrone, dont pourtant, sous les projecteurs, les sudations dégageaient une forte odeur. Pour se venger de la polyvalence de Léon, qui faisait de l'ombre à la sienne, Claude mobilisait son chien, un

1. **Claude Darget** (1910-1992). Journaliste de radio et de télévision français.

corniaud baptisé « l'Arsouille », auquel il avait appris à venir uriner sur les bas de pantalon de Léon quand celui-ci s'entretenait à l'antenne avec un interlocuteur de marque.

Mis à la retraite, il s'adonna pleinement à sa passion pour les petites vignettes multicolores éditées par les postes de tous les pays. N'étant pas à une contradiction près, il vouait aux gémonies les contemporains accusés d'être timbrés.

Marcel Dassault[1]

Il n'était pas que l'homme le plus riche de France. Il était aussi l'un des plus surprenants. Petit, malingre, souffreteux, il poussait la frilosité jusqu'à s'emmitoufler en toute saison dans une grosse écharpe de laine. Génie de l'aéronautique, il professait qu'un avion n'est performant que s'il est beau. Il en dessinait de sublimes qui ne s'envolaient pas toujours de ses cartons.

Il écrivait lui-même les légendes des photos de *Jours de France,* l'hebdomadaire qu'il s'était offert. Il avait raté le lancement d'un quotidien n'annonçant que des bonnes nouvelles. Producteur de cinéma, il mettait son grain de sel dans les dialogues de *La Boum*, le film dont il avait attribué la vedette à la très jeune Sophie Marceau.

Il détestait les barbus. J'avais déjà connu cette « pilophobie » chez Pierre Brisson, le patron du *Figaro.* Un

1. **Marcel Dassault** (1892-1986). Ingénieur, homme politique et entrepreneur français. Constructeur aéronautique et fondateur du groupe Dassault. Déporté à Buchenwald de 1942 à 1945. Député des Alpes-Maritimes (1951-1956), puis sénateur de l'Oise (1957-1958). Créateur de *Jours de France* (1954).

jour où j'étais allé lui demander d'améliorer le salaire d'un de mes adjoints, il avait refusé tout net :

– Pas question d'augmenter un moustachu !

Dassault, lui, qui était revenu miraculeusement de déportation, avait fait après la guerre, qui l'avait ruiné, une seconde fortune encore plus importante que la première. Mais il détestait qu'on lui parle d'argent. Surtout du sien :

– Je vis comme tout le monde. Ma voiture n'a que quatre roues. Et je prends seulement deux repas par jour.

Et comme j'insistais en objectant qu'il roulait en Rolls, fréquentait surtout les restaurants étoilés, et en évoquant ses innombrables propriétés et le palais qu'il s'était fait construire sur le rond-point des Champs-Élysées, il avait relevé sa manche :

– Regardez mon poignet, je n'ai même pas de montre...

À en croire la rumeur étayée par des témoignages dignes de foi, la dernière réincarnation du roi Midas, qui transformait en or tout ce qu'il touchait, s'était fait élire puis réélire député de l'Oise à l'aide d'une méthode originale. Effectuant une tournée des foyers de sa circonscription, après quelques paroles aimables, il laissait sur la table de la salle à manger la moitié d'un billet de 500 francs :

– Je reviendrai vous donner l'autre moitié après mon élection.

Alain Decaux[1]

Notre amitié, qui devait durer plus d'un demi-siècle, avait bizarrement commencé. À l'époque, il habitait Chatou tandis que je logeais au Vésinet. Regagnant mon domicile, j'étais tombé en panne du côté de Nanterre à 2 heures du matin. Le conducteur d'une grosse voiture américaine s'était alors arrêté. Après de brèves présentations, il m'avait, dépassant son propre lieu de résidence, acheminé jusqu'à mon domicile. Nous nous étions ensuite revus très souvent tantôt dans notre banlieue commune, tantôt dans l'arrière-pays cannois.

À l'origine, rien ne le prédisposait, en dehors de solides études et d'une passion pour l'histoire, à devenir aussi célèbre. À la Libération, il avait effectué quelques petits boulots, dont le gardiennage de l'hôtel particulier de Sacha Guitry en villégiature forcée à Drancy. Il devait sa principale chance à la télévision où, sans une note, il avait entrepris avec une audience énorme

1. **Alain Decaux** (1925-2016). Historien, journaliste, écrivain et académicien français. A présenté à la télévision, de 1969 à 1988, « Alain Decaux raconte », puis « Alain Decaux face à l'histoire ».

d'évoquer les quarante rois qui ont fait la France et les cinq Républiques qui ont suivi. L'Académie française lui avait offert l'un de ses fauteuils, et François Mitterrand le portefeuille de ministre de la Francophonie. Quand il assistait à une cérémonie officielle, sa poitrine était entièrement couverte de décorations.

En privé, il était le plus simple et le plus joyeux des hommes. Son érudition lui assurait la considération générale, et ses livres une solide prospérité. Scénariste et dramaturge, il aura été le professeur adulé de millions d'élèves ayant souvent dépassé l'âge de la scolarité.

Laurent Delahousse

Je l'aime bien. Il a autant de charme que de talent. J'apprécie les ondulations de sa chevelure et les roucoulades de ses présentations. Je le trouve encore plus romantique depuis qu'il a épousé une ravissante comédienne après l'avoir interviewée. J'ai donc accepté avec plaisir qu'il me consacre un volet de sa série intitulée « Un jour, un destin ». Très consciencieux, il s'est rendu dans mon hôtel particulier de la rue Saint-Ferdinand afin de voir dans quel cadre familier j'évoluais et regarder de plus près les vieux livres figurant dans ma bibliothèque.

On m'avait prévenu, toutefois : « Méfie-toi de Laurent. Il lui arrive de poser des questions gênantes, à force d'être indiscrètes, sur une vie qu'on souhaiterait garder privée. » Cela n'a pas manqué. Après avoir évoqué aimablement mon petit parcours, Delahousse m'interrogea sur le goût que je manifestais pour le sexe opposé et sur mes entorses au contrat conjugal. J'ai bredouillé de vagues explications, alors que, m'attendant au pire, j'avais préparé une phrase susceptible de mettre les rieurs de mon côté : «Je suis loin d'être un don Juan puisque ma secrétaire ne trouve pas le matin dans mon courrier, comme dans celui d'un célèbre journaliste de la télé, des petites culottes sur lesquelles on a calligraphié un numéro de téléphone... »

De Balladur[1] à Mitchum[2]

Si je connais d'assez nombreuses célébrités un peu mieux que superficiellement, je le dois à ma stratégie du déjeuner en tête à tête chez moi. Soignant les menus et choisissant les vins, je me targue d'avoir recueilli des confidences qui m'auraient été refusées à jeun et dans un endroit public.

Je me souviens d'Édouard Balladur, habituellement si coincé, assis sur le canapé de mon bureau après le repas, déboutonnant son gilet en fumant un cigare, avant de me gratifier de cette remarque inattendue :

– Dans le fond, la vie est belle...

Avec Alain Delon, à la suite d'un enregistrement des « Grosses Têtes », nous sommes restés trois heures à

1. **Édouard Balladur** (né en 1929). Haut fonctionnaire et homme d'État français. Secrétaire général de la présidence de la République sous Pompidou (1973-1974), député de Paris (1986-2007), ministre de l'Économie (1986-1988), Premier ministre sous Mitterrand (1993-1995) et conseiller de Paris. Connu pour sa réserve, sa courtoisie et son impassibilité.

2. **Robert Mitchum** (1917-1997). Comédien et chanteur américain célèbre pour son impassibilité légendaire, sa fossette au menton et sa carrure massive. Un des acteurs emblématiques du film noir, du film de guerre ou du western hollywoodien des années 1940-1950 (*La Nuit du chasseur* [1956], *Les Nerfs à vif* [1962], etc.).

table. Non sans que je me remémore notre premier déjeuner, voilà cinquante ans, cette fois chez Maxim's, lorsque, sortant rue de la Paix et me montrant la poche gonflée de son veston par un revolver, il m'avait avoué qu'il prenait ses précautions parce qu'il croyait être toujours suivi.

Chez moi, il s'était montré beaucoup plus détendu. Il m'avait confessé qu'il adressait chaque jour à une divinité l'ayant plutôt gâté une prière de sa façon. Beau, riche, intelligent mais aussi très solitaire, il m'avait confié que les chiens étaient ses meilleurs amis. Avant de partir, il a embrassé tout mon personnel sur les deux joues. Le lendemain, je l'ai appelé pour le remercier sans pouvoir le joindre. Il avait complètement décroché. Sauf son téléphone.

C'est dans ma villa cannoise que j'avais invité Robert Mitchum. Très ému, je l'avais d'abord salué en l'appelant « monsieur De Niro », l'autre Robert. Il était accompagné d'un interprète. Prévenu que l'acteur avait le gosier en forte pente, j'avais prévu trois bouteilles de bon bordeaux. Trois bouteilles qui s'étaient complètement vidées avant que nous abordions le fromage. Comme Mitchum avait toujours soif, je sauvais la situation en appelant Paul Pacini[1], le créateur des Whisky à gogo, dont je savais qu'il possédait des trésors dans sa cave. Un quart d'heure plus tard, le renfort éthylique

---

1. **Paul Pacini** (1923-2017). Entrepreneur français. Créateur de boîtes de nuit (Whisky à gogo à Paris, puis dans vingt-six autres villes), de l'Alcazar, du bowling du Jardin d'acclimatation, etc. Surnommé « le Pape des nuits cannoises ».

arrivait. Le secours venait du bas de la colline, mais je revenais de plus loin. Il marchait encore très droit en partant et avait eu la délicatesse de grommeler :

– Je transmettrai votre bonjour à mon ami De Niro.

Sophie Desmarets[1]

Comédienne de talent, dans les années 1960-1970 elle disputait la palme de meilleure comique théâtrale à Jacqueline Maillan[2]. Très distinguée à la ville, où elle était la marquise de Baroncelli, elle avait accepté ensuite de s'encanailler au micro des « Grosses Têtes ». Quand elle ne racontait pas, sans se départir de sa classe, une histoire leste, elle détaillait plaisamment sa vie d'épouse fidèle d'un mari volage et ses occupations de grand-mère. Sa familiarité avec une grande bassine en cuivre, dans laquelle elle déversait les paniers de fruits et les kilos de sucre, l'avait fait surnommer par Jacques Martin[3] « Mémé

1. **Sophie Desmarets** (1922-2012). Comédienne française, célèbre pour ses rôles dans un grand nombre de comédies des années 1950-1960, puis sa participation régulière aux « Grosses Têtes » dans les années 1960-1970.

2. **Jacqueline Maillan** (1923-1992). Comédienne française, l'une des vedettes du théâtre de boulevard des années 1960 à sa mort, célèbre également pour ses rôles au cinéma dans *Papy fait de la résistance* (1983) de Jean-Marie Poiré, *Pouic-Pouic* (1963) de Jean Girault, dans « Palace » (1988-1989) de Jean-Michel Ribes, etc.

3. **Jacques Martin** (1933-2007). Animateur de radio et de télévision, humoriste et comédien français. Il a produit et animé, dans les années 1970 à 1990, « Le Petit Rapporteur », « L'École des fans » ou « Dimanche Martin ».

Confitures ». J'éprouvais pour elle autant de tendresse que d'admiration. Je n'ai jamais rencontré une autre vedette se prenant si peu au sérieux.

Pierre Desproges[1]

Il avait débuté tout au fond de la salle de rédaction de *L'Aurore* en troussant ces accidents de la route qui sont aux journalistes ce que les slogans lessiviers sont aux publicitaires, c'est-à-dire des pensums dépourvus de drôlerie. Or, en quelques semaines, il avait réussi à donner un ton humoristique à ce martyrologe quotidien. Cette prouesse qui divertissait davantage les lecteurs du journal que les familles des défunts lui ouvrit très vite les portes du reportage, puis de la télévision. L'interview de Françoise Sagan demeure un monument du genre. Se présentant comme un stagiaire délégué par un quotidien de province, Desproges avait su, par ses naïvetés et ses maladresses, inspirer de la compassion à la romancière. Il avait donc pu impunément poser les questions les plus saugrenues en les entrecoupant de références personnelles totalement dénuées d'intérêt. Des millions

1. **Pierre Desproges** (1939-1988). Humoriste et journaliste français, réputé pour son humour noir, son goût de l'absurde et ses blagues potaches. Il était chroniqueur dans « Le Petit Rapporteur », « Le Tribunal des flagrants délires » ou « La Minute nécessaire de M. Cyclopède ».

de Français avaient admiré son talent de comédien en même temps que la patience de sa victime.

Son audience s'était amplifiée avec des spectacles et des livres, sans pour autant qu'il abandonnât cet air lugubre qui constituait certainement sa marque de fabrique et peut-être le symptôme d'une authentique tristesse. À l'instar d'Héraclite, ce Pierrot lunaire ne riait jamais. Il pouvait proférer les plus désopilants propos sans que sa physionomie laisse apparaître le moindre stigmate de jubilation. Toutes caractéristiques qui m'avaient incité à souhaiter faire son portrait dans une rubrique hebdomadaire que je tenais à *Paris Match*. Je le revois, écroulé dans un fauteuil de mon bureau, après un déjeuner auquel il avait très peu touché, épargné par l'euphorie digestive que j'avais observée en pareille occasion chez presque tous mes interlocuteurs. Sur l'existence, l'époque, la politique et les médias, il délivrait – en desserrant à peine les lèvres – des opinions aussi personnelles et originales que les expressions qu'il employait. Plusieurs fois, j'avais cru qu'il allait s'endormir. Entre deux silences, il m'avait détaillé ses malheurs. À l'entendre, il avait tout raté. Sa vie, son parcours et ses amours n'étaient qu'une succession de fiascos. Il s'accusait même d'être incapable de susciter les fous rires tellement il mettait son public mal à l'aise. Enfin, il était malade et se savait condamné. Une certitude qu'il avait formulée à l'aide du désormais fameux : « Noël au scanner, Pâques au cimetière. » Il ne m'a pas dit « Au revoir », mais « À Dieu » en insistant sur les deux syllabes.

Des génies et des pittoresques...

Si, de son vivant, il n'avait pas toujours obtenu les honneurs du triomphe, sa carrière posthume n'est pas près de s'achever alors qu'à force de ruptures culturelles entre les générations la postérité semble avoir disparu.

Raymond Devos[1] et Michel Galabru

Mais oui, je le sais, ils n'ont jamais travaillé ensemble, mais ils distillaient tous les deux un comique démesuré qui, avec l'âge, allait en s'amplifiant. Roi des clowns, Devos transformait en piste ronde toutes les scènes rectangulaires où il se produisait. Il savait aussi bien jongler avec les mots qu'avec les quilles. Malgré sa surcharge pondérale, il exécutait des entrechats et des cabrioles. Il jouait d'une dizaine d'instruments de musique. Sa carte d'identité aurait pu mentionner qu'il était aussi équilibriste et prestidigitateur. Doté d'un organe vocal reconnaissable entre tous et d'une incroyable agilité d'esprit, il offrait un spectacle oscillant sans cesse entre performances physiques et trouvailles intellectuelles. À plus de 80 ans, dans son domaine de la vallée de Chevreuse, il s'exerçait encore à de nouvelles disciplines. La République, qui sait parfois reconnaître les mérites au-delà des apparences, avait honoré ce gros fantaisiste comme un grand notable.

1. **Raymond Devos** (1922-2006). Humoriste, musicien, mime, jongleur belgo-français, célèbre pour ses jeux de mots et la poésie de ses spectacles, entre burlesque et absurde. Un des grands noms du music-hall français.

Michel Galabru était d'une tout autre espèce que Devos, mais il pratiquait un identique dépassement de soi-même. Premier Prix de Conservatoire et pensionnaire de la Comédie-Française pendant sept ans, il devait néanmoins davantage à Pagnol[1] qu'à Shakespeare. Il utilisait jusqu'au délire sa verve méridionale. Encouragé par une popularité énorme et un public fidèle, il n'avait pas honte d'en faire toujours trop et de jouer ce qu'il appelait des « panouilles ». Sous l'uniforme de l'adjudant Gerber et grâce à la série des « Gendarmes », il était devenu une star du cinéma ayant à son actif plus de deux cent cinquante films. À la surprise générale, ce pape de la rigolade avait épousé une très sérieuse magistrate. Soutien de famille et toujours à court d'argent, il travailla jusqu'à la fin en s'offrant le double luxe d'un one-man-show et du rachat d'un petit théâtre.

1. **Marcel Pagnol** (1895-19). Écrivain, dramaturge, scénariste, dialoguiste, cinéaste, producteur et académicien français. Réputé pour les trois volumes de son autobiographie consacrée à son enfance et à son adolescence (*La Gloire de mon père* [1957], *Le Château de ma mère* [1958] et *Le Temps des secrets* [1960]), et ses films à succès, souvent adaptés de ses pièces de théâtre (la trilogie marseillaise : *Marius* [1931], *Fanny* [1932] et *César* [1936], *La Femme du boulanger* [1938], *Manon des sources* [1952], etc.).

Albert Dubout[1]

Dessinateur humoristique de génie, il accepta d'illustrer mon troisième livre. Intitulé *Madame n'est pas servie*, l'ouvrage disséquait les rapports souvent difficiles entre patron et domestique. Dubout faisait un grand honneur à l'écrivain débutant que j'étais, en acceptant de lui prêter son crayon.

Il avait le trait comique de Daumier[2] mais, contrairement à lui, ne se sentait pas inspiré par la politique. Il préférait recruter ses personnages dans la vie quotidienne : petits gringalets et femmes énormes, déjantés de tout poil. Les ayant longuement observés, il reproduisait fidèlement sur le papier leur visage et leur corps. Ce n'est qu'ensuite que le portrait virait à la caricature. Capable de passer toute une journée sur un seul croquis, Dubout entassait dans un apparent fouillis les détails de

1. **Albert Dubout** (1905-1976). Dessinateur, affichiste, cinéaste et peintre, il a illustré plus de quatre-vingts ouvrages. Un des fleurons de la satire française.

2. **Honoré Daumier** (1808-1879). Graveur, caricaturiste politique, peintre et sculpteur français. Artiste majeur du XIXe siècle, auteur de plus de quatre mille lithographies.

son cru. Le chef-d'œuvre était réputé terminé lorsqu'il ne comportait plus aucun espace blanc.

Dubout devait m'accorder une seconde faveur en me faisant visiter l'atelier où, le soir venu et dans le plus grand secret, il peignait des toiles libertines ou fantastiques que jamais il n'exposa ni ne vendit.

Éric Dupond-Moretti

Quand il fut nommé garde des Sceaux, je m'étonnai plus du choix du président que de l'acceptation de l'intéressé. Car l'avocat était depuis longtemps un membre très actif du club des « m'as-tu-entendu » et le maillot jaune du « Tour de soi-même ». Toujours disponible, providence des médias, affamé de publicité, il ne refusait jamais une interview ou un débat. Tout au plus, voilà quelques mois, lors d'un entretien largement rediffusé depuis son installation Place Vendôme, avait-il affirmé non seulement qu'il refuserait un portefeuille ministériel si on le lui proposait, mais encore ne rien connaître aux affaires de la justice ! Alors qu'il venait de célébrer son 450e acquittement, je lui avais demandé s'il ne se trouvait pas quelques coupables parmi les bénéficiaires de son talent oratoire. Sans aucune gêne, il m'avait répondu par l'affirmative. Désormais privés de son secours dans les prétoires, les innocents n'ont qu'à bien se tenir.

Jean Dutourd[1]

Il a été mon père spirituel, mon maître, mon modèle, le plus indulgent des amis et la bonne conscience culturelle de toutes mes entreprises médiatiques. Il savait tout sur tout et dans l'ordre. Il paraissait avoir appris par cœur les dictionnaires et les manuels d'histoire. Recherchait-on le nom d'un pape du début de la chrétienté, l'orthographe d'un vocable rare, l'auteur d'une citation ? Il délivrait immédiatement le renseignement demandé. Expert en bon français, il n'en parlait pas moins couramment la langue de Shakespeare tout en dénonçant les abus du franglais. Il enseignait, il rectifiait, il expliquait sans jamais pontifier. Appartenant à l'élite intellectuelle, il usait de la plus grande simplicité à l'égard des contemporains ne possédant pas son intelligence ni son érudition. Quand on avait adapté pour

1. **Jean Dutourd** (1920-2011). Écrivain, journaliste et académicien français. Auteur, entre autres, d'*Une tête de chien* (1950), d'*Au bon beurre, scènes de la vie sous l'Occupation* (1952) et de *Jeannot, mémoires d'un enfant* (2000). Il a longtemps été l'un des participants les plus réguliers des « Grosses Têtes ».

la télévision *Au bon beurre*, le roman à succès qu'il avait publié après la guerre, il avait incarné avec jubilation devant la caméra un Français moyen qui, béret basque sur la tête et baguette de pain sous le bras, sortait de chez le boulanger.

Romancier fécond, il avait l'art de nouer des intrigues et d'inventer des personnages. Il excellait également dans la chronique, l'éditorial et la critique dramatique qui, pendant plusieurs années, l'avait condamné chaque soir à aller voir une pièce de théâtre qui n'était pas toujours un chef-d'œuvre. Pour lui servir de secrétaire, Camille, son épouse, avait renoncé à l'écriture pour laquelle elle était cependant très douée. Fort jalouse, elle conduisait son grand homme jusqu'au studio de la rue Bayard où s'enregistraient « Les Grosses Têtes ». Puis, comme s'il avait été un écolier, elle venait le rechercher à la sortie, fusillant du regard les quêteuses d'autographes.

Veuf, après avoir trébuché dans les trop nombreux tapis d'un bureau où avaient défilé des dizaines de candidats à l'immortalité, Jean déclina peu à peu et sombra dans ce qu'on appelle aujourd'hui « la dépendance ». Mais la mort transcende les défunts et gomme les signes de faiblesse de la fin de vie. J'ai oublié la cuillère que, lors de ma dernière visite, je l'avais vu plonger d'une main tremblotante dans son assiette de potage. Je n'ai donc gardé en mémoire que les symboles d'une réussite exceptionnelle posés sur son cercueil sous la forme d'un coussin supportant ses décorations et d'une de ces épées académiques qui, le jour de son élection, avait fait murmurer à Jean Cocteau[1] dans l'oreille de Jean Marais[2] : « Tu vois, Jeannot, si on t'attaque, j'aurai désormais de quoi te défendre !... »

1. **Jean Cocteau** (1889-1963). Écrivain, peintre, dramaturge, chorégraphe, cinéaste et académicien français. Auteur, entre autres, de romans poétiques (*Les Enfants terribles*, 1929) et de longs-métrages (*L'Éternel Retour* [1943], *La Belle et la Bête* [1946], *Orphée* [1950]), il a été l'une des figures du Tout-Paris.

2. **Jean Marais** (1913-1998). Comédien français, compagnon du poète et metteur en scène Jean Cocteau. Célèbre pour ses rôles dans *La Belle et la Bête* (1946) et *Orphée* (1950) de Jean Cocteau, *Le Bossu* (1959), *Le Capitan* (1960) et la trilogie *Fantômas* (1964-1967) d'André Hunebelle, *La Princesse de Clèves* (1961) de Jean Delannoy, il a aussi tourné pour Sacha Guitry, Jacques Demy, Jean Renoir, Henri Decoin, etc.

Jean-Edern Hallier[1]

Un manque total de modestie joint à un culot phénoménal lui permettait d'affirmer qu'il était le plus génial écrivain du monde et de tous les temps. À l'en croire, son *Premier qui dort réveille l'autre* constituait le chef-d'œuvre absolu. Selon lui, Shakespeare, Cervantès et Flaubert n'étaient que de la petite bière. Puis, s'attaquant à François Mitterrand, qu'il avait d'abord encensé, il résumait avec franchise sa stratégie : « Il faut dire du bien de soi-même. Ça donne des idées aux autres. »

Je me souviens m'être retrouvé assis à son côté dans le train qui nous ramenait à Paris après un festival du livre en province. Tandis que nous pérorions, il s'était endormi, la bouche ouverte. Son visage avait alors renoué avec l'innocente pureté de l'enfance.

Son indéniable talent de provocateur passait par l'excès et l'imprudence. Devenu aveugle, il s'était offert le

1. **Jean-Edern Hallier** (1936-1997). Journaliste et écrivain français, habitué des coups d'éclat médiatiques. Fondateur du journal satirique *L'Idiot international*.

luxe d'une exposition de ses dessins. Il est mort dans une rue de Deauville après être tombé d'un vélo qu'il était incapable de maîtriser.

Sylvain Floirat[1]

Il avait fait fortune en assurant des transports aériens de troupes pendant la guerre d'Indochine. Rentré en France, cet Auvergnat de très modeste souche s'était associé à Marcel Chassagny[2] pour reprendre Breguet, créer Matra et devenir l'actionnaire principal d'Europe 1. Chemin faisant, il avait recruté un jeune ingénieur nommé Jean-Luc Lagardère[3], qui devait lui succéder. Il était franc, sympathique, généreux, intelligent mais complètement inculte. Les journalistes l'avaient repéré tout de suite et guettaient – jamais longtemps – ses bourdes, dont ils faisaient des gorges chaudes. Comme on ne

1. **Sylvain Floirat** (1899-1993). Homme d'affaires français. Créateur de la compagnie aérienne Aigle Azur en 1946. Repreneur d'Europe 1 en 1955. Créateur du groupe Floirat, spécialisé dans l'hôtellerie de luxe (dont l'hôtel Byblos de Saint-Tropez). P-DG d'Engins Matra et de Breguet Aviation de 1955 à 1967. Administrateur du groupe Hachette en 1981.

2. **Marcel Chassagny** (1903-1988). Industriel français. Fondateur en 1937 de la Capra, renommée Matra en 1941, groupe spécialisé alors dans l'aéronautique et la fabrication de missiles.

3. **Jean-Luc Lagardère** (1928-2003). Homme d'affaires français. P-DG de Matra et fondateur, dans les années 1980, du groupe Lagardère, spécialisé dans la défense et les médias.

prête qu'aux riches, on l'accusait de vouloir mettre la main sur toutes les entreprises. Périodiquement, il donnait une conférence de presse et démentait les rumeurs avec une formule qui faisait hoqueter de rire son auditoire :

– Ce bruit que vous colportez est dénudé de tout fondement !

Bernard Frank[1]

Il était moins connu à travers ses livres que pour son amitié avec Françoise Sagan, chez laquelle il vivait en permanence. Je l'avais convié à « Samedi soir » parce qu'il était très cultivé, au courant de tout et qu'il usait d'une langue irréprochable. Je n'avais pas prévu que le whisky la rendrait aussi pâteuse et lui ferait oublier la bonne éducation dont on le créditait d'ordinaire. Comme je l'avais placé entre deux mannequins suédoises que j'appelais « mes plantes grasses » – parce qu'elles souriaient sans comprendre un mot de nos entretiens –, tout en continuant à parler, il avait posé ses mains fureteuses sur les cuisses de ses voisines. Jacques Dutronc m'avait créé le même genre de problème, mais à jeun et en draguant de façon éhontée Isabelle Adjani, que je venais de lui présenter.

Je suppose qu'aujourd'hui, compte tenu de la libéralisation de nos mœurs, ces « incivilités », comme les appelle génériquement Emmanuel Macron, ne passeraient pas inaperçues.

---

1. **Bernard Frank** (1929-2006). Écrivain et chroniqueur littéraire français. Auteur des *Rats* (1953), d'*Un siècle débordé* (1970) ou de *Solde* (1980). Très lié à Françoise Sagan.

Claude François

Une nature bonne fille avait offert tous les dons à ce garçon français né en Égypte, où son père assurait la maintenance du canal de Suez. Il chantait bien, il dansait à ravir, entouré de ses « Claudettes ». Il était de surcroît doué pour les affaires et la communication, puisqu'il dirigeait d'une main de fer une agence de mannequins et un magazine qui, à l'enseigne de *Podium*, parlait exclusivement de sa carrière. Il était son meilleur attaché de presse et savait multiplier les attentions à l'égard des journalistes. Ainsi m'avait-il rapporté d'un voyage en Chine des graines de kiwi, une plante encore peu connue en France, que j'avais plantée dans mon jardin où elle refusa obstinément de pousser. Au moment des fêtes, je recevais de sa part une grosse bouteille d'un alcool spécialement distillé pour lui. Je passe sur les invitations à séjourner au « Moulin », promu monument historique après sa fin dramatique. Séducteur, il mettait en transe des milliers d'adolescentes dont les plus amoureuses couchaient la nuit dans son escalier du boulevard Exelmans.

Je lui savais gré de figurer dans mes émissions, mais j'étais agacé par son habitude de chanter en play-back en faisant semblant de remuer les lèvres. Pour rendre public ce stratagème que je considérais comme une tromperie artistique, je lui suggérai d'adopter une attitude que, malgré sa subtilité, il accepta sans méfiance. Il s'agissait, alors que tournait en régie le disque d'une de ses chansons, de venir bavarder ostensiblement avec moi sous l'œil des caméras. La découverte de cette supercherie lui valut de nombreuses volées de bois vert. Rancunier, il me snoba jusqu'à ce que, voulant redresser un luminaire alors qu'il se trouvait dans son bain, il passa de vie à trépas.

Charles de Gaulle

J'ai beaucoup admiré le Général. Mais il me faisait aussi peur que s'il avait été le bon Dieu. Chaque fois qu'on me proposait de me présenter à lui, je trouvais un prétexte pour prendre la fuite. Un jour où j'avais passé une heure à bavarder avec René Coty, dont de Gaulle était le Premier ministre avant de devenir son successeur, le président m'avait retenu alors que je me levais pour partir :

– Si vous attendez trois minutes, vous pourrez faire la connaissance du Général, qui vient me chercher pour déjeuner.

J'ai inventé un enregistrement urgent et j'ai pris la poudre d'escampette, terrorisé à l'idée d'affronter le regard de « l'Homme du 18-Juin ».

Quelques mois plus tard, je faisais partie des invités à l'occasion de la réception annuelle des Arts et Lettres. Sur le perron de l'Élysée, il fallait patienter d'assez longues minutes, car le Général avait une phrase aimable pour chacun. J'avais pu l'entendre dire à Brigitte Bardot, vêtue d'une tunique galonnée, « madame, vous portez admirablement l'uniforme ». Le colonel de Bonneval[1], qui connaissait la myopie de son patron, le renseignait en quelques mots sur l'identité des célébrités auxquelles il allait serrer la main. Pour le cinéaste Jacques Tati[2], il avait cru s'en tirer en précisant « *Mon oncle* » en référence au titre de son dernier film. Mais de Gaulle l'avait pris à la lettre, en déclarant au cinéaste :

– Je suis heureux de saluer l'oncle de mon aide de camp.

1. Colonel **Gaston de Bonneval** (1911-1998). Résistant, déporté à Mauthausen de 1943 à 1945. Aide de camp du général de Gaulle de 1945 à 1964.

2. **Jacques Tati** (1907-1982). Réalisateur, scénariste et comédien français, d'origines néerlandaise et russe. Créateur et interprète du personnage récurrent de ses films : M. Hulot, qui apparaît dans *Les Vacances de M. Hulot* (1952), *Mon oncle* (1958), etc.

Philippe de Gaulle[1]

Je n'avais jamais parlé au père. Je me suis longuement entretenu avec le fils. Le jour où l'amiral est venu aux « Grosses Têtes », cornaqué par le cher Michel Tauriac[2], j'étais aussi ému que si j'avais reçu le fondateur de la France libre.

Celui que ses marins appelaient « le Pacha », et son illustre géniteur « mon cher vieux garçon », était un modèle de simplicité. Il conservait de son enfance puis de son adolescence le souvenir de parents qui se vouvoyaient et qui ne permettaient pas à leur progéniture de les tutoyer. Un père incarnant au quotidien la statue du Commandeur ; une mère dont l'affection était peu démonstrative puisqu'elle n'embrassait ses enfants que le jour de leur anniversaire. La famille ne badinait pas avec le respect, le travail, la patrie. Alors que son père avait

1. Amiral **Philippe de Gaulle** (né en 1921). Officier général de la marine et homme politique français (sénateur de Paris dans les années 1980). Fils de Charles de Gaulle.

2. **Michel Tauriac** (1927-2013). Journaliste et écrivain français. Auteur de romans et de six ouvrages sur le général de Gaulle.

fait carrière dans l'infanterie, Philippe choisit la marine, où il se hissa jusqu'au plus haut grade. Mais, alors qu'il avait été un résistant de la première heure en débarquant à Londres en même temps que son papa, ce dernier, ne voulant pas qu'on pût l'accuser de népotisme, refusa toujours d'épingler le ruban vert et noir de compagnon de la Libération sur la poitrine de son fils.

Sans doute, l'amiral ne fut-il pas mécontent de mon interview. Quelques mois plus tard et sans que je lui aie rien demandé, il écrivit au grand chancelier de la Légion d'honneur pour s'étonner qu'on ne me l'ait jamais attribuée. Lorsque je l'obtins enfin, il m'adressa une lettre manuscrite très aimable. À l'heure où j'écris ces lignes, l'amiral, âgé de 98 ans, ne s'exprime jamais sur la légitimité des politiques qui, comme Jean Castex autoproclamé gaulliste social, se targuent d'être les héritiers du Général. Eu égard à cette retenue, je pense qu'en 1968 il lui avait fallu beaucoup de courage pour oser dire à l'auteur de ses jours : « Père, le moment est venu de vous retirer. »

André Gide[1]

Auréolé par le prix Nobel de littérature, il était l'idole le plus sulfureux de ma jeunesse. Faisant jouer – à 17 ans – ma première pièce de théâtre, je lui avais fait déposer une invitation assortie innocemment de mon portrait. Sans doute est-ce ce dernier qui lui avait fait prendre la plume pour me répondre que, égrotant, il sortait peu mais qu'il serait ravi de faire ma connaissance si je venais le visiter.

J'ai appris par la suite que cet homme de lettres s'envoyait quotidiennement des messages urgents à seule fin de bavarder avec les petits télégraphistes...

---

1. **André Gide** (1869-1951). Écrivain français. Créateur et chef de file de *La Nouvelle Revue Française*. Auteur, entre autres, des *Nourritures terrestres* (1897), des *Caves du Vatican* (1914), de *La Symphonie pastorale* (1919), des *Faux-monnayeurs* (1925), etc. Honoré par le prix Nobel de littérature, en 1947. Il a assumé, à partir de 1893, son homosexualité.

Ménie Grégoire[1]

Quand je débarquai à RTL, elle était l'une des plus grandes vedettes de la station. Sœur d'un ecclésiastique distingué, épouse d'un conseiller d'État, elle avait eu l'audace et le courage d'installer l'après-midi sur l'antenne la première émission du genre. À savoir, un dialogue avec les auditeurs tourneboulés par leurs difficultés sexuelles, toujours précises et souvent délicates. Qu'il s'agisse de problèmes de couple, de plaisirs solitaires, d'homosexualité, voire de bisexualité, elle s'informait des tenants et des aboutissants. Puis, sans jamais tomber dans la vulgarité, elle prodiguait des conseils inspirés moins par l'expérience que par la sagesse et la morale.

Un jour, un plaisantin réussit à se glisser parmi ses interlocuteurs :

– Voyageur de commerce, je m'absente durant toute la semaine. Or, hier, je suis rentré chez moi vingt-quatre heures plus tôt que d'habitude. Et qu'est-ce que j'ai vu ?

1. **Ménie Grégoire** (1919-2014). Journaliste et écrivaine française. Célèbre pour avoir animé sur RTL, de 1967 à 1981, une émission quotidienne destinée aux femmes, intitulée « Allô, Ménie ».

Ma femme qui, dans notre lit, m'avait remplacé par sa meilleure amie.

Dans ces cas-là, Ménie savait user de compassion :

– Mon pauvre monsieur, comme je vous plains ! Et qu'avez-vous fait ?

À l'autre bout du fil, l'infortuné mari jeta tout à trac :

– Eh bien, madame Ménie, je les ai sodomisées toutes les deux.

À partir du lendemain, l'émission n'eut plus jamais lieu en direct et Ménie ne nous rejoignit plus aux « Grosses Têtes » sans que Jacques Martin lui demandât si, après son émission, elle s'était bien lavé les mains...

Les Grimaldi

Il s'en est fallu de peu pour que, voilà quarante ans, j'accède à l'enviable nationalité monégasque. Après plusieurs interviews, Rainier III[1] m'avait pris en sympathie. Un soir, alors que dans un petit salon de l'Hôtel de Paris je jouais au poker avec des amis, son majordome vint me prévenir que Son Altesse Sérénissime me demandait. Sous le regard amusé et surpris de mes partenaires, je refusai de quitter ma partie. Rainier me raya aussitôt de ses petits papiers. Pendant plusieurs années, je ne remis pas les pieds dans la Principauté. Il m'arriva même de commettre des articles assez méchants sur la dernière monarchie absolue d'Europe.

Après l'élection de François Mitterrand et l'arrivée des socialistes au pouvoir, je changeai d'avis. Désireux de renouer avec le « Rocher », j'allai voir Rainier dans son ambassade parisienne afin de lui dire que je considérais

1. Prince **Rainier III** (1923-2005). Souverain de Monaco de 1949 à 2005. Surnommé « le Prince bâtisseur » pour avoir transformé Monaco en une luxueuse cité balnéaire. A épousé, en 1956, la comédienne américaine Grace Kelly. Père du souverain actuel, Albert II.

désormais son minuscule empire comme l'ultime conservatoire d'un certain art de vivre désormais menacé. Le prince accepta de bonne grâce mon revirement mais en me faisant remarquer que, si je m'étais obstiné à le caricaturer, il aurait pu m'interdire de séjour à Monaco et, par voie de conséquence, du département limitrophe des Alpes-Maritimes.

Avec Albert II (quand cessera-t-on de numéroter les monarques et les papes comme des chevaux de course ou des factures ?), mes relations furent plus simples et contrastées, puisque je l'appelais tantôt « Monseigneur » avec tout le respect dû à un chef d'État, tantôt « mon cher camarade » depuis qu'il avait rejoint le « Club des Cent ». Je l'ai revu de temps en temps. À déjeuner dans son palais au bord de la piscine, puis parcourant les artères de sa bonne ville dans une limousine équipée d'un gyrophare et encadrée par deux policiers motocyclistes.

La dernière fois, ce fut à bord d'un porte-hélicoptères de la marine française, où il était le brigadier d'un sympathique déjeuner. Après les liqueurs et les discours, je choisis de regagner la terre ferme non pas sur la navette militaire qui m'avait amené, mais, pour gagner une heure, au moyen d'un Zodiac plus rapide. Or, on ne m'avait pas prévenu qu'avant de prendre place dans cette frêle embarcation je devrais descendre une quinzaine de mètres à l'aide d'une corde à nœuds. Quand on m'enfila d'autorité un gilet de sauvetage, il était d'autant plus impossible de reculer que l'amiral commandant notre flotte méditerranéenne m'encourageait. Une fois installé dans l'esquif, je m'avisai qu'il était gonflable, que le marin qui le pilotait était encore plus pressé que moi et que la Grande Bleue empruntait parfois ses vagues à l'Océan. Une mémoire rendue défaillante par l'âge retiendrait la participation à un déjeuner pour moins que cela.

Sacha Guitry

Éternel cancre renvoyé de tous les lycées, incapable de décrocher un diplôme, sa notoriété avait pourtant dépassé rapidement celle de son père, Lucien, comédien très connu. En souvenir d'une époque où Pierre Brisson, féroce critique dramatique, l'avait étrillé avant de devenir directeur du *Figaro*, Sacha Guitry avait coupé les ponts avec le plus bourgeois des quotidiens. Or, la plupart des lecteurs étaient des inconditionnels de l'auteur-acteur. Une réconciliation s'imposait. On avait donc proposé à Sacha de recevoir un rédacteur avec la promesse de lui consacrer le plus aimable des articles. Il avait refusé. Quelqu'un avait eu alors l'idée de revenir à la charge en l'informant qu'on lui enverrait le benjamin de la rédaction, un stagiaire dont on se débarrasserait immédiatement s'il s'obstinait dans sa fin de non-recevoir. Il faut croire qu'en plus de l'esprit Guitry avait du cœur, car il s'était laissé fléchir.

Le benjamin stagiaire n'est autre que votre serviteur. Je me présente plusieurs minutes avant l'heure fixée à la porte du théâtre où Guitry répète sa prochaine pièce.

Un secrétaire m'accueille en me chapitrant. Le génial dramaturge étant très susceptible, on me recommande de l'appeler « maître ». La répétition vient de finir. On me pousse sur la scène où trône Guitry dans toute sa majesté, coiffé d'un chapeau à larges bords, un collier d'ambre supportant le double menton, et au doigt une chevalière grosse comme un coup-de-poing américain. À peine suis-je arrivé à sa hauteur qu'il m'apostrophe :

– Alors, jeune homme, c'est vous que *Le Figaro* a chargé de m'assassiner ?

J'essaie de protester, en oubliant la consigne du fidèle secrétaire :

– Mais non, monsieur...

Guitry explose, prenant les machinistes comme témoins :

– Il m'appelle « monsieur » ! Vous voyez, les méchancetés commencent !

Un an passe. Entre deux comédies, le maître tourne l'une de ses fresques historiques dont il a le secret. Sans me nommer, pour publier un reportage sur Guitry cinéaste, je me fais engager par la production comme figurant. On me déguise en soldat autrichien. Avant le tournage, Guitry passe en revue les uhlans sélectionnés pour leur taille. Il a l'air très satisfait. Jusqu'au moment où, s'arrêtant devant moi, il murmure à son assistant :

– Non, pas celui-là, il est ridiculement petit.

Robert Hersant[1]

Avec Pierre Lazareff[2], Pierre Brisson et Jean Prouvost, il constitua le quadrige des grands patrons de presse. Il avait débuté en créant en compagnie de son frère *L'Auto-Journal*, avant de racheter bon nombre de quotidiens de province puis *Le Figaro*. Il avait, de surcroît, fait l'emplette de *France-Soir*. Il m'invita plusieurs fois à petit-déjeuner dans son annexe de l'avenue Matignon. Bien qu'on le soupçonnât de mépriser la gent journalistique, « R. H. » traitait ses collaborateurs avec une courtoisie sans faille. Après m'avoir posé de nombreuses questions sur ma vie, ma famille, la politique, les spectacles et les faits divers, il me proposa de devenir le directeur de

1. **Robert Hersant** (1920-1996). Éditeur de presse (fondateur du groupe Hersant) et homme politique français. Député de l'Oise de 1956 à 1978. Fut condamné en 1947 à dix ans d'« indignité nationale » pour avoir évolué dans les milieux de la collaboration pendant la Seconde Guerre mondiale – ce qu'il qualifia plus tard d'« erreur de jeunesse ».

2. **Pierre Lazareff** (1907-1972). Journaliste, patron de presse et producteur de télévision français. A lancé son premier hebdomadaire à 17 ans. Après la guerre, directeur de *France-Soir*, créateur de *Elle*, du *Journal du dimanche*, de *France Dimanche*... et, en 1959, d'un nouveau style de magazine à la télévision, « Cinq Colonnes à la une ».

la rédaction de *France-Soir* en même temps qu'un titre de directeur général adjoint qui me donnerait la haute main sur la régie publicitaire.

R. H. était le meilleur journaliste de ses équipes, capable d'imaginer des rubriques, d'exploiter des centres d'intérêt inédits et de dessiner des maquettes comme il devait le montrer avant de lancer *Le Figaro Magazine*. Les qualités d'un homme qui tirait toutes les ficelles au bout desquelles s'agitaient les marionnettes de l'information n'empêchaient pas certains concurrents d'évoquer périodiquement les faiblesses de R. H. pendant l'Occupation.

François Hollande

De lui, il ne restera pas grand-chose. Surtout l'image de l'inventeur du « mariage pour tous », coupable d'avoir fait quatre enfants à une femme sans l'épouser.

Olivier de Kersauson

On l'appelait « l'Amiral », bien que, dans la marine, il n'eût pas dépassé le grade de quartier-maître et que ce fût son frère qui ait commandé des escadres. Il avait droit aussi, en raison de ses origines familiales, au titre de vicomte, mais il n'en faisait jamais état, préférant être un ancêtre plutôt qu'un descendant.

J'avais découvert sa truculence pendant l'un des fameux déjeuners d'Eddie Barclay, au cours duquel une dizaine de spirituels trublions rivalisaient de boutades et d'indiscrétions. Alors qu'Éric Tabarly, « son maître », était affligé d'un mutisme chronique, il était le premier grand navigateur à faire rimer « trimaran » et « très marrant ». Médusé, et pour une fois silencieux, j'avais constaté que « Kersau » était capable de transposer dans l'oral l'écriture automatique des surréalistes. À partir d'un mot, d'une phrase ou d'une information, il délirait de longues minutes jusqu'à ce que lui vienne à l'esprit et aux lèvres une conclusion irrésistible dont il paraissait, comme nous, tout surpris.

Naturellement, je l'avais engagé pour figurer dans l'équipe des « Grosses Têtes », dont il devint en quelques jours le champion incontesté. Il était pétri de contradictions. À la fois séducteur et misogyne, secret et bavard, raffiné et grossier, élitiste et populaire. Il n'acceptait aucun ordre, aucune consigne, seulement des chèques. Arrivait-il très en retard à un enregistrement parce que l'avion d'Air Inter qui l'amenait de Brest n'avait pas décollé à l'heure ? Il ne formulait pas la plus petite excuse et n'en exigeait pas moins la totalité d'un cachet âprement négocié. Une mauvaise humeur passagère lui interdisait-elle d'articuler un seul mot durant deux heures ? Il me rabrouait vertement si je lui en faisais le reproche.

Tout me laissait à penser qu'il était devenu mon meilleur ami. Nos fréquents déjeuners, nos confidences mutuelles, nos interminables conversations en tête à tête où il évoquait à mon unique usage, mais avec le brio inventif qu'il déployait devant le micro, le big bang, le cosmos, la politique et un sexe qui, à l'entendre, n'était jamais aussi faible que lorsqu'il lui donnait l'assaut. Toujours à court du nerf de la guerre, il « cachetonnait » comme une vieille diva. Un jour à marquer d'une pierre noire, il me demanda brutalement une augmentation. Il me mettait le marché en main : ou bien je lui accordais quelques centaines d'euros supplémentaires ou bien il passait à la concurrence. Je m'arc-boutai à un budget que je ne pouvais dépasser. Peut-être aurais-je pu obtenir une rallonge. Sans doute aurait-il pu se montrer plus patient. En tout cas, la semaine suivante, il s'en alla voguer sur d'autres ondes.

Je ne l'ai jamais revu. J'ai appris par la presse qu'il s'était remarié et vivait désormais à Tahiti. De tout ce qu'il m'avait enseigné, j'ai surtout retenu que, dans une société où seul l'argent permet d'oublier qu'on n'est pas riche, il n'existait pas de sentiment désintéressé.

Joseph Kessel[1]

Né en Argentine, il était le fils de ses œuvres et d'un médecin lituanien, et par ailleurs oncle de Maurice Druon[2] avec lequel il avait écrit « Le Chant des partisans ». Rien de moins académique que cet académicien français. Au gré de ses voyages et de ses engouements, il se situait au confluent de toutes les cultures. Comme Albert Londres[3], il avait hissé le reportage en tête des exercices journalistiques. Je l'admirais intellectuellement, mais physiquement il me faisait peur. C'était un ogre, assoiffé d'alcool, affamé de femmes que rien ne pouvait rassasier et qui, après avoir bu une vodka, mangeait les

1. **Joseph Kessel** (1898-1979). Écrivain, journaliste, scénariste et académicien français. Auteur des *Captifs* (1926), de *Belle de jour* (1928), de *La Passante du Sans-Souci* (1936), de *L'Armée des ombres* (1943), des *Cavaliers* (1967), etc.

2. **Maurice Druon** (1918-2009). Écrivain, homme politique et académicien français. Lauréat du prix Goncourt pour *Les Grandes Familles* (1948). Également célèbre pour sa saga des *Rois maudits* en sept volumes (1955-1977). Ministre des Affaires culturelles (1973-1974) et député de Paris (1978-1981).

3. **Albert Londres** (1884-1932). Journaliste et écrivain français. A inauguré une nouvelle forme de journalisme, le grand reportage, fondé sur l'observation et le voyage. Depuis 1933, le prix Albert-Londres récompense les meilleurs journalistes francophones.

verres sans problème de digestion. C'est d'ailleurs à une rupture d'anévrisme qu'il devait succomber à 81 ans. Aujourd'hui, il y a encore des grands reportages, mais plus de grand reporter.

Georges Kiejman[1]

J'entretenais avec lui d'excellents rapports lorsqu'il était avocat. Quand il fut nommé ministre de la Communication, son attitude vis-à-vis des médias, dont il devint le Père Fouettard, changea du tout au tout. Souffrant du fossé qui se creusait chaque jour davantage entre mes confrères et un dirigeant que j'avais apprécié, j'invitai ce dernier à déjeuner. Au moment du dessert, je reposai ma cuillère pour prendre mon courage à deux mains :

– Vous rendez-vous compte que vous êtes devenu la bête noire de la profession dont on vous a confié la tutelle ?

Il me remercia du bout des lèvres. Quelques mois plus tard, il perdit son portefeuille. Je ne l'ai jamais revu.

---

1. **Georges Kiejman** (né en 1932). Avocat et homme politique français. Défenseur de nombreux éditeurs, écrivains, réalisateurs et comédiens, mais aussi de Pierre Goldman, de *Charlie Hebdo*, etc. Proche de François Mitterrand, il a été plusieurs fois ministre, entre 1990 et 1993.

Arlette Laguiller

Elle était la diva de Lutte ouvrière. Dans les débats où elle tenait le haut du micro, elle ne cachait pas son mépris pour la bourgeoisie. Pourtant, après avoir hésité, je l'avais invitée à déjeuner chez moi. Non seulement elle avait fait honneur à un menu volontairement raffiné, mais encore, s'accommodant sans gêne du rituel très différent de celui des cantines, elle avait félicité mon cuisinier.

Quant à Olivier Besancenot, son acolyte, il est l'un des rares à avoir déclaré, après un portrait que je lui avais consacré, qu'il m'avait trouvé honnête et que je n'avais pas trahi ses propos. On cesserait d'appréhender « le grand soir » pour moins que cela.

Robert Lamoureux[1]

Il avait été vendeur à la sauvette puis, avec une série de monologues intitulés *Papa, maman, la bonne et moi*, il était devenu l'amuseur favori des Français. On appréciait ses mimiques, sa gouaille, son humour et son sens de l'observation. Son nom n'était pas un pseudonyme. Il le justifiait en sautant sur toutes les contemporaines, pour peu qu'elles eussent cheveux longs et jupe courte.

Je croyais naïvement qu'à force de rire et de mener joyeuse vie ensemble nous formions un duo de copains. C'est en vertu de son talent mais aussi de notre proximité que j'avais décidé de lui rendre hommage au fil d'une très grande émission. Comme, fatigué par ses galas, il rechignait à se rendre dans un studio éloigné de son domicile, j'avais loué un hôtel particulier situé à vingt mètres de chez lui. Il me demanda la faveur de ne pas assister aux premières répétitions, car il avait

1. **Robert Lamoureux** (1920-2011). Comédien, humoriste, dramaturge, réalisateur et scénariste français. Après avoir enchaîné les succès au music-hall et en tant qu'acteur, il a réalisé, entre autres, la trilogie de *La Septième Compagnie* (1973-1977).

besoin de sommeil. J'acquiesçai sur la promesse qu'il se rendrait disponible durant les deux jours précédant l'enregistrement. L'avant-veille, il s'abstint en raison d'une extinction de voix qui l'avait contraint à me faire prévenir par son secrétaire. La veille du grand jour, il fut immobilisé par une intoxication alimentaire. Il excipa d'un certificat médical que je refusai de consulter. Le pire était encore à venir puisque, au matin de l'émission, souffrant d'une dépression subite, il m'avisa que je ne devrais pas compter sur lui. J'arguai des quelques mètres qui nous séparaient. Je lui proposai de venir nous rejoindre en pantoufles et en robe de chambre. Pour lui être agréable, je bouleversai mon conducteur en me contentant d'un court entretien sur ses problèmes de santé. Rien n'y fit. Le surlendemain, je l'aperçus dans un restaurant. Il était en pleine forme. Producteur du divertissement qui n'avait pu être diffusé, j'acquittai les frais engagés en pure perte. Il a disparu de mon horizon trente ans avant de passer sous terre.

Pierre Lazareff

Impressionnée par la persistance – malgré échecs et renvois – de ma vocation journalistique, ma pauvre mère m'emmène un jour chez Pierre Lazareff, dont elle a été une amie d'enfance lorsqu'ils habitaient tous les deux – lui sur la rue, elle sur la cour – au 45 de la rue de Maubeuge, dans le 9e arrondissement.

« Pierrot les Bretelles », comme on l'a surnommé, nous reçoit très aimablement. Au premier abord, on a peine à croire que ce petit rouquin mal rasé et vêtu d'un vieux pull-over règne sans partage sur la presse écrite, sur la télévision, sur la politique et sur ce qu'on appelle encore « la vie parisienne ». Après l'échange de souvenirs anciens, il demande ce que nous attendons de lui. Ma mère explique que je l'admire beaucoup, que je souhaite être journaliste depuis mon plus jeune âge. Mon idole s'informe de mon curriculum vitae. Pas fameux :

– J'ai raté trois fois le bac. J'ai été renvoyé du Centre de formation des journalistes.

Le conseil tombe aussitôt :

– Vous devriez vous diriger vers le commerce.

Nous repartons penauds. On m'aurait bien surpris si l'on m'avait dit que je reviendrais trente ans plus tard dans ce bureau pour remplacer Pierre Lazareff à la tête de *France-Soir*.

Entre-temps, Lazareff s'était aperçu que j'étais devenu l'un des principaux collaborateurs du *Figaro*, puisqu'on m'avait confié la dernière page tout entière dont j'assurais la rédaction avec l'aide de quatorze reporters. Sans doute avait-il un peu culpabilisé de m'avoir orienté vers le commerce de détail, corroborant le verdict du directeur du Centre de formation des journalistes après mon renvoi : « N'est pas doué pour le journalisme, mais réussira dans les carrières commerciales. »

En tout cas, il m'avait confié le secrétariat général du Théâtre Édouard-VII, qu'il venait d'acquérir pour les beaux yeux de la comédienne Claude Génia, promue directrice. J'avais donc contribué au lancement de *L'Année du bac*, de José-André Lacour. Un beau succès et la révélation de nouveaux talents : Sami Frey, Roger Dumas et Jacques Perrin.

Le soir de la première, Lazareff m'avait pris à part :

– Nous n'avons plus beaucoup d'argent. Je vous propose donc qu'au lieu de vous rétribuer vous deveniez un actionnaire.

J'acceptai. Pour mon plus grand profit, car j'ai touché des dividendes pendant plusieurs mois.

La sollicitude à mon égard du plus petit des grands hommes ne s'arrêta pas là. Chaque mois, il m'invitait à déjeuner en tête à tête. Je suppose qu'il se retrouvait en moi, car j'avais la même vocation irrésistible, la même ambition dévorante et un début de parcours qui ressemblait au sien. Il me parlait de mes articles, des reportages qu'il avait initiés. Ainsi m'avait-il envoyé à Berlin pour les besoins d'une séquence de « Cinq colonnes à la une » qui ne fut jamais programmée, en dépit des deux jours et deux nuits passés au pied du « mur de la honte » dans le vacarme des aboiements des chiens et des crépitements de mitrailleuses. Tandis que nous nous restaurions au Berkeley, un établissement de VIP dont on soupçonnait le patron d'écouter les conversations de ses convives avant d'en rendre compte au ministère de l'Intérieur, il multipliait à mon adresse les remarques, les conseils, les idées. Je crois n'avoir jamais rencontré un autodidacte à l'intelligence plus vive, plus rapide et capable de traiter tous les sujets. Quand nous nous séparions jusqu'au mois suivant, j'étais dynamisé, remonté à bloc, prêt à tous les défis, volontaire pour les aventures les plus risquées. Hélas ! il tomba gravement malade. Je ne l'apercevais plus qu'aux feux rouges, à la faveur d'itinéraires et d'horaires communs. Il était affaissé sur la banquette arrière de sa Bentley, continuant à téléphoner alors que l'infirmière qui ne le quittait plus le soutenait avec des piqûres.

Jean Lefebvre[1]

Il devait à un strabisme prononcé et à un appendice nasal tordu plus qu'à l'enseignant d'un conservatoire d'être devenu le plus efficace de nos comiques. Il avait tous les vices et n'en dissimulait aucun. Il était paresseux, menteur, coureur et joueur. Lorsqu'il avait fait son numéro sur la scène d'un casino, il restituait aussitôt son cachet à une table de roulette. Mémorable « Gendarme de Saint-Tropez », n'ignorant pas qu'au-delà de sa réussite ses échecs lui vaudraient l'attachement du public, il contait volontiers – parfois en les inventant – ses mésaventures.

Il avait très peur de tout, mais surtout d'un crash en avion. Dès le décollage sur un vol transatlantique, tendant l'oreille, il avait cru remarquer qu'un des moteurs ne tournait pas rond :

1. **Jean Lefebvre** (1919-2004). Comédien français, spécialisé dans le registre comique. Célèbre pour ses rôles dans *Les Tontons flingueurs* (1963) de Georges Lautner, la saga du *Gendarme de Saint-Tropez* (1964-1982) de Jean Girault ou la trilogie de *La Septième Compagnie* (1973-1977) de Robert Lamoureux.

– J'ai appelé l'hôtesse. Elle a tenté de me rassurer mais, comme le bruit était toujours anormal, j'ai obtenu qu'elle aille avertir les pilotes. Elle est revenue quelques minutes plus tard et m'a dit : « Vous aviez raison, le commandant de bord a décidé d'arrêter le moteur qui vous inquiétait... »

Thierry Le Luron

J'ai longtemps conservé sa première lettre avant qu'elle s'égare lors d'un déménagement. Elle avait le mérite de tout dire en quelques lignes : « Je m'appelle vraiment Thierry Le Luron. J'ai 16 ans. J'imite toutes les voix. Je voudrais que vous m'aidiez à devenir une vedette. » Ne croyant pas plus à l'authenticité du patronyme qu'à l'âge du scripteur, j'ai conclu à un canular. La semaine suivante toutefois, j'eus la curiosité de téléphoner au solliciteur. Il me répondit avec la voix de Michel Simon[1] qu'il était le fils d'un maître d'hôtel breton, qu'il imitait au choix les chanteurs, les comédiens et les hommes politiques. Il avouait qu'il avait déjà arrêté ses études et ne pensait qu'à venir tenter sa chance à Paris.

L'année suivante, il débarqua. Je lui arrangeai une audition devant Raoul Arnaud, le propriétaire du Théâtre

1. **Michel Simon** (1895-1975). Comédien, producteur et scénariste suisse. A tourné pour Jean Renoir (*Boudu sauvé des eaux*, 1932), Marcel Carné (*Le Quai des brumes*, 1938), Christian-Jaque (*Les Disparus de Saint-Agil*, 1938), Henri Decoin (*Non coupable*, 1947), etc. Réputé pour son physique hors norme, son excentricité, son goût des animaux et sa collection d'objets érotiques.

de Dix Heures, dont j'étais le secrétaire général. Il fut aussitôt engagé et entama une carrière triomphale à laquelle seule « la Grande Faucheuse » fut capable de mettre un terme. Outre un organe vocal exceptionnel lui permettant de reproduire toutes les tonalités, il utilisait les accessoires de ses victimes ainsi que leurs tics. Comme François Mitterrand, il clignait des yeux trente fois par minute. Comme Alice Sapritch qu'il ridiculisait mais qui, tout en protestant, en redemandait, il se nouait un foulard autour de la tête et plaçait entre ses lèvres un long fume-cigarette. Le chansonnier Bernard Mabille écrivait les textes dont il donnait l'idée. Mais Thierry était également un remarquable improvisateur. Il pouvait, chaque soir, changer un tiers de son spectacle en fonction d'une actualité qui lui inspirait des sarcasmes dévastateurs. On portait à son crédit l'échec de Chaban-Delmas[1] et de sa nouvelle société, dont il parodiait les nasillements, et la gamelle que ramassa Giscard lorsque, candidat à un second septennat, il fut ridiculisé par les diamants (industriels) dont lui avait fait cadeau Bokassa[2].

Pendant les quinze ans que dura notre amitié collaborative, je ne lançais jamais une émission de télévision

1. **Jacques Chaban-Delmas** (1915-2000). Résistant, général de brigade et homme politique français. Premier ministre du président Georges Pompidou, de 1969 à 1972. Président de l'Assemblée nationale pendant seize ans. Maire de Bordeaux pendant quarante-huit ans.

2. **Jean-Bedel Bokassa** (1921-1996). Président de la République centrafricaine de 1966 à 1976 et empereur sous le nom de « Bokassa Ier » de 1976 à 1979. Renversé en 1979 à la suite de ses exactions. A offert en 1973 des diamants à Giscard, alors ministre des Finances, ce qui a donné lieu à un scandale six ans plus tard (lié à une forte surestimation de la valeur de ces diamants).

ou de radio sans qu'il en fût la tête d'affiche inaugurale. Pour me remercier, il m'imitait en me rapetissant. Mettant les genoux dans ses chaussures, il se moquait de la façon dont je présentais « Les Grosses Têtes ».

Son talent lui avait apporté célébrité et fortune alors qu'il était tout juste majeur. Ne cachant pas ses goûts de luxe, il s'était installé dans un hôtel particulier du boulevard Saint-Germain, où il recevait somptueusement le Tout-Paris, Rothschild[1] en tête. Quand il se déplaçait, c'était à bord d'une Rolls-Royce blanche conduite par un chauffeur noir.

Une maladie cruelle et dont on ne réchappait pas à l'époque interrompit sa trajectoire. Apprenant que j'avais dit – sans penser à un jeu de mots de mauvais goût – alors qu'il faisait un dernier pèlerinage aux États-Unis qu'il était sur les bords de l'Hudson, il me félicita en riant pour l'avoir comparé à Rock Hudson[2] qui, lui aussi, était atteint du sida. Son dernier luxe consista à mourir dans un appartement de l'Hôtel de Crillon d'où il pouvait apercevoir le Palais-Bourbon, dont il avait tant brocardé les ténors. La France en deuil lui a offert des obsèques quasi nationales. La circulation avait été arrêtée pour permettre son ultime promenade à bord d'un

1. **Guy de Rothschild** (1909-2007). Banquier français et propriétaire d'une écurie de course. A épousé en secondes noces Marie-Hélène van Zuylen, avec laquelle il organisait dans leur hôtel particulier de l'île Saint-Louis ou dans leur château de Ferrières des réceptions fastueuses. D'après Guy lui-même, « les Rothschild sont devenus le symbole proverbial de la richesse ».

2. **Rock Hudson** (1925-1985). Comédien américain. Célèbre pour son rôle dans *Géant* (1956) de George Stevens et pour avoir été l'un des premiers acteurs à dévoiler qu'il était atteint du virus du sida.

corbillard entouré de policiers motocyclistes tandis qu'un service d'ordre contenait la foule massée tout au long du parcours. Le service religieux avait lieu en l'église de la Madeleine. Presque tout le gouvernement y assistait, au sein duquel, assimilé aux membres de la famille, je me suis retrouvé pour la première et la dernière fois.

Je pense souvent à lui. Sa disparition en pleine jeunesse m'inspire deux réflexions. D'abord, il a quitté notre vallée de larmes parce que, à 34 ans, il avait déjà tout vu, tout connu, tout compris. Ensuite, s'il avait vécu quelques décennies plus tard, il aurait bénéficié d'un long sursis.

Gina Lollobrigida[1]

Son opulente poitrine lui avait permis d'échanger très tôt son patronyme de Luigia contre un pseudonyme plus évocateur. Idole des « nichonologues », elle ralliait d'autres admirateurs avec son talent de comédienne, sa culture et son sens de la repartie. Elle avait également un joli coup de crayon et savait dessiner à son usage des robes dont la partie supérieure s'ornait d'un vaste balconnet.

Lors d'un Festival de Cannes, après une interview durant laquelle elle avait répondu avec humour à des questions abusivement mammaires, je l'avais emmenée au casino. Assise à mon côté, Gina, un peu lasse, avait trouvé au bout de la table de roulette un support pour les plus fameux de ses charmes, ne s'apercevant pas qu'elle occultait ainsi le numéro trente-six. Une position qui avait fait murmurer au croupier cet avertissement :

– Si le trente-six sort, je ne pourrai jamais payer au gagnant trente-cinq fois sa mise !

1. **Gina Lollobrigida** (née en 1927). Comédienne et photographe italienne, célèbre en France pour son rôle dans *Fanfan la Tulipe* (1951) de Christian-Jaque ou celui d'Esmeralda dans *Notre-Dame de Paris* (1956) de Jean Delannoy.

Enrico Macias

Il était né Gaston Ghrenassia et ambitionnait d'être instituteur. Sous le pseudonyme d'« Enrico Macias », il est devenu une grande vedette. Tout le prédisposait à cette bifurcation : sa naissance en Algérie et l'interdiction d'y retourner ; son passage dans l'orchestre de Cheikh Raymond, son futur beau-père ; une furieuse envie de gratter la guitare plutôt que la terre ; ses engagements politiques et humanitaires.

Enrico est le plus sympathique des chanteurs et le plus fidèle des amis. Il a été souvent mon complice en exprimant tantôt sa joie de vivre avec une hilarité tonitruante, tantôt sa nostalgie du paradis perdu avec des accents déchirants.

Son existence est une alternance de triomphes et de malheurs. Il a beaucoup plu à des filles qui n'étaient pas toutes de son pays. Il a collectionné les titres et les honneurs. Mais il a perdu son frère dans un accident de la route ; et Suzy, son épouse, après un interminable calvaire cardiaque. Aujourd'hui, ruiné par la faillite d'une banque, il se bat pour conserver sa propriété tropézienne et conserve toujours l'espoir de chanter de nouveau dans une Algérie apaisée.

Emmanuel Macron

J'ai pour Emmanuel Macron la considération qu'un « bac – 2 » éprouve pour un surdoué, et la méfiance d'un citoyen à l'égard d'un privilégié qui ne s'est hissé tout en haut de l'échelle sociale qu'après en avoir fait dégringoler tous ses amis. J'aimerais bien savoir si l'ambition de devenir président lui est venue avant qu'il se rase pour la première fois et comment le désir de conserver le pouvoir s'accommode de tant de menaces, d'insultes et de soucis quotidiens.

Manouche[1]

À force de débiter des horreurs aux gens les plus coincés, cet ancien mannequin au physique de sous-maîtresse était devenu la coqueluche du Tout-Paris. On citait ses gros mots. On commentait ses foucades. Invitée par tous les médias, elle justifiait son langage de poissarde par la fréquentation de nombreux maquereaux. Elle avait été la compagne du gangster Carbone[2] :

– Il était bel homme, mais il faisait très mal l'amour. Heureusement, il s'était fait tatouer sur tout le corps les titres des articles de presse relatant ses mauvais coups. Alors, pendant qu'il s'activait, au lieu de compter les mouches au plafond, j'avais de la lecture...

1. Germaine Germain, dite « **Manouche** » (1913-1984). Mannequin (maison Patou) et chanteuse française. Égérie de la pègre, puis figure de la nuit parisienne des années 1950 à 1970. Sa vie a fait l'objet de deux biographies en trois ans : par Roger Peyrefitte (*Manouche*, 500 000 exemplaires écoulés en France et à l'étranger, 1972) et par Alphonse Boudard (*Manouche se met à table*, 1975).

2. **Paul Carbone** (1894-1943). Criminel français d'origine corse, proxénète, trafiquant de drogue, dont la vie a inspiré le film *Borsalino* (1970) de Jacques Deray. A rejoint « la Carlingue », surnom donné aux auxiliaires français de la police allemande, pendant la Seconde Guerre mondiale. Mort dans le déraillement d'un train provoqué par la Résistance.

Alexandre de Marenches[1]

Il fut sans doute le dernier des mousquetaires. En plus du titre nobiliaire hérité de ses ancêtres, il exerçait la fonction mystérieuse de responsable du contre-espionnage. Exceptionnellement, il m'avait reçu dans son grand bureau de « la Piscine », boulevard Mortier. Derrière lui, sur un planisphère géant, une multitude de petits drapeaux indiquaient la présence des honorables correspondants dont il disposait à travers le monde. À quoi s'ajoutaient des contacts personnels et fréquents allant jusqu'au tutoiement avec ses homologues des autres pays. Après avoir vendu le château familial, il avait décidé de se faire construire une villa au-dessus de Grasse. Pour surveiller les travaux, il logeait, comme les ouvriers, dans un Algeco. En privé, il imitait de façon irrésistible les chefs d'État qu'il avait approchés. Y compris Giscard qui, pourtant, après une

1. **Alexandre de Marenches** (1921-1995). Officier français et directeur général du Service de documentation extérieure et de contre-espionnage, de 1970 à 1981.

première entrevue orageuse durant laquelle il n'avait pas apprécié son exposé de la situation internationale, ne le rencontra plus jamais, alors qu'il aurait dû être l'un de ses principaux interlocuteurs.

Jacques Martin

Il avait tout pour être heureux mais souffrait cependant d'une dépression chronique. En cause, les femmes qui le trompaient, les enfants qui le décevaient, les médias qui critiquaient ses tics et ses idées fixes. À la télévision, il avait inventé « L'École des fans » et « Le Petit Rapporteur », qui lui avaient valu succès, fortune et popularité. À la radio, il s'était fabriqué un personnage désopilant d'ancien combattant. Il pouvait prendre tous les accents provinciaux et étrangers. Il pratiquait l'art très rare de savoir parler avec les enfants. Mais il aurait souhaité triompher dans toutes les disciplines. Bon cuisinier, il nous préparait de succulents repas auxquels il ne touchait pas. Chanteur à voix répertorié comme « baryton Martin », il connaissait par cœur les grands opéras. Fin conducteur, il pilotait ses voitures comme des bolides de Formule 1. Bref, il aurait aimé être Bocuse, Caruso, Fangio. Il n'était – déjà pas si mal – que Jacques Martin.

Ses dernières années, passées dans le cadre fastueux de l'Hôtel du Palais à Biarritz, furent très tristes.

Éloigné des caméras et des micros, miné par la maladie, ne voyant plus personne, persuadé d'avoir été incompris, il était mort bien avant d'avoir rendu le dernier souffle.

Georges Mathieu[1]

Sur le plan du talent et de l'originalité, il le cédait à peine à Salvador Dalí. Vêtu et coiffé comme Don Quichotte, dont il avait fait son personnage emblématique, il avait dessiné un alphabet qui lui avait valu d'être baptisé « premier calligraphe occidental » par André Malraux[2]. Comme le châtelain de Cadaqués, Mathieu s'évertuait à se singulariser. Dès qu'apparaissait un média, il entrait en transe. Dans son immense atelier, à une trentaine de mètres de son chevalet, il prenait son élan, pinceau en avant, pour trouer une toile ne représentant rien mais qu'il vendrait ensuite très cher. Une fois le dernier photographe parti, il ôtait son chapeau, remisait son justaucorps, défrisait ses moustaches et redevenait tristement banal.

---

1. **Georges Mathieu** (1921-2012). Peintre français qui a joué un rôle déterminant dans l'abstraction à la fin des années 1940 et au début des années 1950. A qualifié cette nouvelle esthétique d'« abstraction lyrique ».

2. **André Malraux** (1901-1976). Écrivain et homme politique français. Prix Goncourt 1933 pour *La Condition humaine*. Militant antifasciste, résistant. Ministre de la Culture du général de Gaulle de 1959 à 1969. Célèbre, entre autres, pour ses oraisons funèbres, comme lors du transfert des cendres de Jean Moulin au Panthéon, en 1964.

Mireille Mathieu

S'agissant de la petite Avignonnaise, la mise en boîte était facile, car elle s'était composé un personnage de nunuche. D'abord sa mièvrerie, ensuite son célibat obstiné et les rumeurs d'une liaison extrafamiliale avec l'imprésario qu'elle appelait son « tonton ». Et puis, peu à peu, j'ai applaudi sa voix extraordinaire, son courage d'affronter les méchantes langues de mon acabit et sa carrière beaucoup plus internationale que celle du regretté Johnny.

Mes sarcasmes contre elle étaient entrés dans la légende. Au point qu'un jour où, dans le recueillement général, je visitais au Vatican la crypte dans laquelle se trouve le tombeau de saint Pierre, une touriste m'avait demandé d'une voix qui résonnait étrangement sous la voûte de marbre :

– Pourquoi êtes-vous si agressif avec Mireille Mathieu ?

En fait, beaucoup plus fine mouche que je ne le pensais, elle a levé toutes mes préventions et découragé à jamais mes attaques lorsqu'elle m'a fait inviter à l'Élysée pour la remise de sa rosette d'officier. Je m'y suis rendu en pensant qu'elle avait convié en même temps que moi le ban et l'arrière-ban de la presse. Grave erreur : celui qui l'avait si longtemps malmenée était, à côté de la famille au grand complet, le seul représentant des médias !

Jacques Médecin[1]

Nous avions débuté dans la presse le même jour. Lui à *L'Aurore*, moi au *Figaro*. D'abord affectés à la rubrique des faits divers, nous nous rencontrions souvent. En particulier sur l'affaire Finaly, une sombre histoire d'enlèvement d'enfants. Après quelques années de reportages, Jacques s'était souvenu qu'il était le fils de Jean Médecin, l'historique maire de Nice, et il avait tâté de la politique avant d'être élu, lui aussi, à la tête de cette municipalité.

Je l'avais perdu de vue jusqu'au jour où, nommé secrétaire d'État au Tourisme, il me convia à fêter l'événement. Sympathique, chaleureux, inventif, Jacques n'était pas un modèle de sérieux. Ainsi s'était-il lui-même chargé d'une grande tournée à travers une vingtaine de pays. Il s'agissait – défense de sourire – de visiter les principales maisons de tolérance avant de déposer une

---

1. **Jacques Médecin** (1928-1998). Journaliste et homme politique français. Maire de Nice de 1966 à 1990, président du conseil général des Alpes-Maritimes de 1973 à 1990, et secrétaire d'État au Tourisme de 1976 à 1978. Sous le coup de plusieurs procédures, il s'est installé en 1990 en Uruguay, d'où il a été extradé quatre ans plus tard. Condamné à deux ans de prison ferme pour corruption, il a fini sa vie en Uruguay.

loi réformant les nôtres. À son retour, Jacques m'avait donné maints détails attestant qu'il n'avait pas craint, pour mieux étayer son dossier, de payer de sa personne.

Malheureusement, il s'était cru au-dessus des lois. Pour des délits véniels, la justice l'avait poursuivi sans le rattraper, car, menacé d'une sévère condamnation, il s'était exilé au Paraguay. De temps à autre, il venait, sous un faux nom, passer quelques heures à Paris et nous nous voyions toujours en cette occasion.

Après sa mort survenue à quinze mille kilomètres de la place Masséna, les deux femmes qui avaient compté le plus dans sa vie se sont disputé ses cendres. Sa dernière épouse, qui avait reçu l'urne funéraire, refusa tout partage et m'expliqua ses raisons :

– Si Jacques n'avait pas subi la crémation, aurait-on osé couper son corps en deux ?

Jacques Mesrine[1]

J'étais à Cannes, un week-end, lorsque le téléphone sonna :

– Allô, ici Devos.

– Bonjour, mon cher Raymond !

– Ce n'est pas l'artiste qui vous parle, mais le commissaire divisionnaire. Nous venons d'abattre Mesrine. Je tenais à vous informer que, dans la poche intérieure de son veston taché de sang, nous avons trouvé des photos de votre villa du Vésinet ainsi qu'un topo précisant les immatriculations de vos voitures, les itinéraires que vous empruntiez et les horaires de vos déplacements.

J'avais compris. L'ennemi public numéro un m'avait choisi comme prochaine victime, avec sans doute l'arrière-pensée de me faire payer cher les chroniques où je m'insurgeais contre certains médias ayant fait un

1. **Jacques Mesrine** (1936-1979). Criminel français, célèbre pour sa spectaculaire évasion de la prison de la Santé (où il purgeait une peine de vingt ans pour vol, prise d'otages et tentative d'homicide) et pour sa mort : « l'Ennemi public numéro un », ou « l'Homme aux mille visages », a été abattu par la police en pleine rue, à Paris, après un an et demi de cavale.

maître à penser du criminel le plus recherché. Il avait déjà kidnappé, séquestré pendant de longs jours et blessé à plusieurs reprises un journaliste qui s'était moqué de lui. Je revenais de loin. Heureux d'avoir évité le pire mais regrettant toutefois, si j'en étais sorti vivant, d'avoir raté l'occasion de publier un reportage dont on aurait beaucoup parlé.

Dans les mois qui suivirent, je pris certaines précautions : blocage des portières de ma limousine-bureau, changement incessant des trajets et chauffeur doté d'un port d'arme. Longtemps encore, en regagnant mon domicile à la nuit tombée, je regardais moins la route devant moi que par la lunette arrière pour m'assurer que nous n'étions pas suivis.

Deux ans après avoir été avisé que j'étais la prochaine cible de Mesrine, j'ai été victime d'une agression qui n'était pas demeurée à l'état de projet. Je sortais de RTL lorsque, sur le trottoir de la rue Bayard, un individu m'ajusta avec un fusil de chasse. En quelques secondes, mon abdomen – plus rebondi qu'aujourd'hui – fut criblé de petits plombs. Des policiers qui faisaient opportunément une ronde dans le quartier appréhendèrent le tireur et l'emmenèrent au commissariat. Au cours de son interrogatoire, l'individu (comme il devait être désigné dans le procès-verbal) expliqua qu'il souhaitait mettre fin à mon manège. Un manège qui, selon lui, consistait à ce que, pour les rapporter aux dirigeants du RPR, j'écoute ses conversations familiales grâce à des micros que j'avais installés dans sa maisonnette située au fin fond du Doubs. Plus tard, j'ai appris que l'individu avait regagné son domicile après un séjour d'une semaine dans un service psychiatrique. Quarante ans après cet attentat, je ne connais toujours pas le département du Doubs.

François Mitterrand

Pendant tout un septennat – le sien –, je l'ai détesté. Au point que, à partir du moment où il s'est installé à l'Élysée et bien que ce fût le chemin le plus court pour aller de mon domicile à *France-Soir*, je n'ai plus emprunté le faubourg Saint-Honoré. Dans tous les médias où je sévissais, je ne ratais jamais une occasion d'épingler un président auquel je ne pardonnais pas d'être à la fois un grand bourgeois et le champion de la gauche. Un jour cependant, je m'étais rendu à un cocktail officiel en l'honneur de mon vieux copain Léon Zitrone. Il y avait foule, mais Mitterrand m'avait repéré tout de suite :

– Ah ! vous êtes donc venu à l'Élysée.

J'avais bredouillé « j'ai chuté » au lieu de dire « j'ai basculé ». Le lendemain toutefois, je reprenais des attaques et des critiques qui n'empêchèrent pas l'ancien maire de Château-Chinon de décrocher un second mandat. À la suite de quoi, je réfléchis sur la façon dont Mitterrand avait assumé le premier. Le souci de vérité qui confine souvent chez moi à la naïveté m'avait fait conclure qu'il avait exercé presque parfaitement le plus difficile des métiers. De la cogitation à une chronique du *Figaro Magazine*, il n'y avait qu'un pas, que je franchis sans me douter qu'il allait me valoir plus d'un millier de missives furibardes. Le jour même, Mitterrand me téléphona :

– Votre article m'a agréablement surpris. Venez prendre le petit déjeuner avec moi demain matin.

J'y allai à la fois flatté, curieux et inquiet. À l'Élysée, on me fit attendre dans un petit salon où était dressée la table de nos agapes matinales. Contrairement à l'habitude qu'on lui prêtait, Mitterrand fut ponctuel. En fait, me précisa plus tard l'un de ses conseillers : « Le président est comme les avions d'Air Inter. C'est surtout en fin de journée qu'il accumule les retards. »

La porte du petit salon s'ouvrit donc à l'heure précise. Précédé par un huissier en frac et à chaîne qui annonça « M. le président de la République ! » au cas où je ne l'aurais pas reconnu, mon hôte prit ma main dans les deux siennes. La conversation s'engagea. Troublé, je craignais moins de dire une bêtise ou de ne pas trouver le mot juste que de déglutir trop vite ou trop lentement mes croissants. Ou pire : de tacher la nappe, comme cela m'arrivait si souvent chez moi. Bon prince, Mitterrand évoqua d'abord mon petit parcours et la galerie de ce qu'il appelait avec un sourire presque complice « vos têtes de Turc ». Je ne lui fis pas grâce d'un petit couplet que j'avais préparé. Je regrettais que les affrontements idéologiques séparassent les Français en deux camps. Sa mine s'assombrit aussitôt :

– Sachez que, sans ces affrontements que vous déplorez, il n'y aurait jamais eu de progrès social en France.

J'avais compris. Je changeai de sujet en me souvenant que Mitterrand partageait avec votre serviteur une dilection marquée pour la littérature française du XIXe siècle. Et, particulièrement, pour Jules Renard dont je savais que, comme moi, il connaissait de nombreuses formules par cœur.

De temps en temps, l'huissier déposait entre thé et jus d'orange un petit bristol rappelant au magistrat suprême ses autres rendez-vous. Mais il était lancé et, quand il parlait de Jules Renard, les aiguilles de la pendule pouvaient tourner. Le chef de l'État me raccompagna courtoisement – en me faisant passer devant lui – jusqu'à l'ascenseur.

Le surlendemain, un motard de la gendarmerie m'apporta une lettre manuscrite du président, où il continuait à citer son écrivain favori en m'expliquant que le livre du grand Jules qui accompagnait la lettre manquait à l'édition Bernouard que je lui avais confié posséder. Quinze jours plus tard re-motard, re-lettre manuscrite et re-bouquin sans doute déniché chez les libraires qu'il courait chaque semaine en compagnie de Georges Kiejman.

Je pense parfois à François Mitterrand, à son authentique culture littéraire, à ses amours, à ses lois, à sa recherche de la foi, à son cancer caché pendant quinze ans, à sa fin solitaire et programmée selon son désir.

Marie-Laure de Noailles[1]

Elle appartenait – par alliance – à l'une des plus anciennes familles aristocratiques de France. Elle logeait dans un palais situé place des États-Unis, transformé aujourd'hui en restaurant de luxe. Richissime, épouse d'un banquier qui n'apparaissait jamais, vêtue comme une pauvresse et chaussée de savates éculées, arbitre des inélégances, elle déambulait sans complexe dans les plus fastueuses demeures. Aux murs de sa chambre, elle n'avait pas accroché de tableaux de maître. Elle préférait coller les cartes postales les plus laides, qu'informés de ses goûts ses amis lui adressaient depuis leur lieu de vacances. Poétesse et peintre de talent, elle savait réunir à sa table les contemporains qui allaient défrayer la chronique. C'est chez elle que j'ai rencontré pour la

1. **Marie-Laure de Noailles** (1902-1970). Mécène, écrivain et peintre français. Avec son mari, Charles de Noailles, elle a financé des films de Man Ray, de Jean Cocteau, de Luis Buñuel, soutenu Igor Stravinsky, Francis Poulenc, Georges Auric et rassemblé une très importante collection d'œuvres d'art tant anciennes que modernes. Leur hôtel particulier dans le 16e arrondissement de Paris a été, pendant une quarantaine d'années, le théâtre de somptueuses réceptions.

première fois le torero El Cordobés. Sans doute était-elle plus sociale qu'on ne l'imaginait, car, certains soirs de gala, son décolleté, un peu mou, s'ornait d'une faucille et d'un marteau. Mais en diamants...

Jean d'Ormesson

Né avec une cuillère d'or dans la bouche, il était tellement charmant et sympathique qu'il ne suscita presque aucune jalousie. Pourtant, on ne pouvait imaginer curriculum vitae plus complet et plus prestigieux. Aristocrate, il aurait pu exciper du titre de comte, mais il n'en faisait mention que sur ses cartes de visite. Ancien élève de Normale sup, il avait décroché sans peine une agrégation de philosophie, mais il enseigna davantage dans les médias que dans les amphis. Écrivain à succès, ses livres s'arrachaient dès leur parution. Académicien français, il ne portait le bicorne et l'épée que dans les grandes occasions. Fin politologue, il lui arrivait de conseiller nos chefs d'État, mais il ne s'en vantait pas.

Dans les colonnes du *Figaro*, il savait expliquer et commenter la conjoncture la plus complexe avec les mots les plus simples. Je me réjouissais d'autant plus de sa venue aux « Grosses Têtes » qu'ensuite nous nous en allions déjeuner en tête à tête et qu'il se montrait alors aussi éblouissant à mon seul usage que s'il se fut exprimé devant un vaste auditoire.

Sa mort me causa un triple chagrin : la disparition d'un esprit brillantissime, la perte d'un ami indulgent, l'impossibilité de lui trouver un remplaçant.

Marcel Pagnol

Étrange destin que celui d'un petit professeur d'anglais ayant accédé à la célébrité mondiale grâce à une trilogie marseillaise. Il avait accepté ma demande d'interview à la seule condition que je fasse le déplacement jusqu'à sa propriété de La Gaude. Naturellement, j'avais souscrit à cette exigence qui m'autorisait, de surcroît, à voir évoluer dans son cadre de vie le plus populaire des académiciens français. Le père de *Marius* et *Fanny* résidait dans une bâtisse presque aussi grande que le château de sa mère, dont il avait fait un livre promis au même succès que ses pièces ou ses films. Le parc qui l'entourait m'avait semblé si vaste que je devais écrire que sa taille donnait à penser qu'il englobait une bonne partie du département. Il vivait là, après deux mariages et quelques liaisons, en compagnie d'une ancienne comédienne nommée Jacqueline Bouvier, parfaite homonyme de la femme qui avait épousé successivement Kennedy et Onassis.

Dans son refuge azuréen, il avait troqué le stylo de l'écrivain contre la baguette du sourcier. Plusieurs heures par jour, il excursionnait à travers son domaine en recherchant la nappe d'eau qui lui eût permis de mieux irriguer ses cultures. Son autre dada concernait le mouvement perpétuel, qu'il ambitionnait de faire fonctionner grâce à un mécanisme de son invention.

À la fin de l'entretien, je l'avais interrogé sur une aisance qu'il devait à sa quadruple casquette de scénariste, de dialoguiste, de metteur en scène et de producteur. Abandonnant sa faconde méridionale, il m'avait avoué en baissant la voix :

– Je suis riche comme un sourcier.

Les Pahlavi

À Téhéran, j'avais couvert le remariage du shah[1] avec Farah Diba[2]. Un événement fastueux dans un palais des mille et une nuits dont les murs s'ornaient de plus de pierreries que la main d'une douairière, où le champagne coulait à flots, où l'on servait le caviar à la louche, tandis qu'aux alentours des dizaines de miséreux dormaient dans les fossés entourant la demeure impériale.

Je suis retourné un an plus tard à Téhéran pour la naissance du petit shah. Comme la naissance a tardé et que, pendant quinze jours, on m'a vu m'enquérir tous les matins de la proximité de l'accouchement, le personnel de la clinique avait dû finir par penser que j'appartenais à la famille.

---

1. Mohammad Reza Pahlavi, dernier **shah d'Iran** (1919-1967). A régné sur l'Iran de 1941 à 1979, en a fait le deuxième pays exportateur de pétrole au monde, a lancé un vaste programme de modernisation du pays, jusqu'à ce que, trop rigide et ayant perdu l'appui des États-Unis, il soit contraint à l'exil par la Révolution islamique.

2. **Farah Diba** (née en 1938). Ancienne impératrice d'Iran. Troisième et dernière femme de Reza Pahlavi, qui l'a épousée en 1959.

Papillon

Selon l'état civil, il s'appelait Henri Charrière[1], mais la célébrité lui était venue sous son surnom. Son passé de malfrat, dont il avait fait un best-seller, était souvent trouble et parfois incertain : petite délinquance, grosses escroqueries, meurtre d'un souteneur avec lequel il était en compétition. À l'en croire, il s'était évadé du bagne de Cayenne, où il purgeait une peine de travaux forcés à perpétuité. Durant sa longue cavale, il avait dû affronter successivement les gardiens qui tiraient sur lui, les requins qui espéraient en faire leur déjeuner et les crocodiles qui ne verseraient pas une larme sur sa disparition. Il papillonnait à sa manière, qui était triviale et culottée. Il tutoyait les ministres, les magistrats et les journalistes. Oubliant qu'un talentueux directeur littéraire lui avait prêté sa plume, il jouait à l'écrivain donneur de leçons. Se produisait-il une guerre, un attentat, une grève ? Il donnait son avis, concluant toujours à la responsabilité

1. Henri Charrière, dit « **Papillon** » (1906-1973). Ancien bagnard, célèbre pour son livre présenté comme autobiographique, paru en 1969 et vendu à plus de dix millions d'exemplaires à travers le monde.

d'une société qui l'avait privé de sa liberté après l'avoir condamné à la pauvreté.

Après son évasion, il s'était installé à Caracas comme restaurateur et tenancier de boîte de nuit. Gracié par le président de la République, il était revenu à Paris et s'était débrouillé pour rencontrer l'éditeur Robert Laffont. Alors que le livre avait déjà trouvé un million de lecteurs en moins de temps qu'il n'en avait eu besoin pour dépouiller quelques rentières, le hasard l'avait encore servi. Placé dans l'avion qui le ramenait de Londres à côté d'un important producteur, il avait réussi à le convaincre de faire adapter *Papillon* à l'écran en lui confiant le principal rôle. Plus tard, c'est Steve McQueen qui, avec plus de charme, avait incarné son personnage.

Louis Pasteur Vallery-Radot[1]

Il était un peu plus petit que moi par la taille, mais beaucoup plus grand que moi par le savoir. Petit-fils du génial Pasteur, qui n'était pas médecin, il avait décroché une agrégation ayant fait de lui un éminent disciple d'Hippocrate. Sa filiation et sa science lui avaient ensuite valu de siéger à l'Académie française.

Dans l'intimité, on l'appelait « Sioul », l'anagramme de « Louis ». Il était simple, direct et joyeux. Il me parlait souvent de son grand-père, qu'il n'avait pas connu, mais dont, à force de lectures et de recherches, il était le meilleur biographe. Parcourant le monde afin de porter la bonne parole scientifique, il ne se déplaçait jamais sans tenir à la main une petite mallette noire qui m'intriguait. Elle était si plate qu'elle ne pouvait pas plus contenir un pyjama qu'une trousse de toilette. J'insistai tellement qu'un jour Sioul accepta d'ouvrir à mon usage

1. **Louis Pasteur Vallery-Radot** (1886-1970). Historien, médecin et académicien français, spécialisé dans les allergies et les maladies rénales. Grand résistant. A annoté et publié la correspondance de son célèbre grand-père, Louis Pasteur.

son étrange bagage. Il contenait seulement, soigneusement rangés en petites plaquettes, deux cents comprimés d'aspirine. Un traitement secret et, assurait-il, un élixir de jouvence. À condition d'en prendre une vingtaine par jour, il se sentait en pleine forme. Il nous a quittés à 84 ans. Je songe à sa miraculeuse pharmacopée chaque fois qu'on condamne l'acide acétylsalicylique.

Christian Pellerin[1]

Comme on naît rôtisseur, il était bâtisseur-né. Très vite, il est passé des châteaux de sable aux gratte-ciel. Lorsqu'il m'a demandé d'être son conseiller, il animait le Centre des nouvelles industries et technologies de La Défense. À ses côtés, j'ai découvert le monde de l'architecture et de l'immobilier. Pellerin régnait en maître sur l'industrie du bâtiment, dont il connaissait tous les rouages. Il recrutait les financiers, les concepteurs, les décorateurs, les contremaîtres, les ouvriers. Il rectifiait d'un trait de marqueur les plans qu'on lui soumettait, visitait les chantiers casque sur la tête, avant de partir en quête de nouveaux terrains. En l'honneur d'une communauté encore toute jeune, il avait imaginé d'installer dans le restaurant situé au dernier étage du CNIT un « Club de l'Europe », dont il m'avait promu président. Il y traitait les clients accourus de tous les pays. Grâce à lui, les expositions se succédaient à La Défense. Sa réussite

1. **Christian Pellerin** (né en 1944). Promoteur immobilier français. Dans les années 1980, sacré « roi de La Défense » (dont il a été un temps le seul constructeur), jusqu'à ce qu'il ait maille à partir avec la justice.

suscitait beaucoup de jalousies. En particulier celle du père d'une ancienne épouse, qu'il soupçonnait d'avoir dénoncé aux autorités les libertés qu'il avait prises avec les superficies constructibles dans sa propriété du cap d'Antibes. À savoir, un énorme sous-sol qu'il avait omis de faire figurer sur son permis de construire. Il s'était ensuivi des expertises, des procès et une condamnation à tout démolir. Ruiné, Pellerin était allé tenter sa chance sous d'autres cieux.

Je l'ai revu dernièrement. Il avait refait fortune au Brésil et s'était remarié avec une jolie dame, excellente pianiste et bonne cuisinière. Sans doute connaîtra-t-il d'autres vicissitudes tant que ses grandes idées se heurteront à de petits fonctionnaires.

Jacques Pessis[1]

Il fut, à mon côté, un bras droit jamais gauche, avant de voler plus haut de ses propres ailes en cumulant autant d'emplois qu'il m'en avait vu tenir. Légataire universel de Pierre Dac et peut-être davantage, il a, à coups de rééditions, offert un supplément de postérité à l'humoriste désespéré.

Historiographe du music-hall, collectionneur de bons mots, collecteur d'indiscrétions, rien ne lui échappait que ses inimitiés gardées secrètes par diplomatie. Il est à la fois l'un de mes fils spirituels et le seul contemporain que j'aie décoré en vertu des pouvoirs qui, très exceptionnellement, m'étaient conférés.

À l'époque où, bien qu'il fût un peu plus petit que moi, je m'appuyais sur lui, il était au courant de tout et enrichissait quotidiennement le petit carnet sur lequel il consignait les coordonnées des notables qu'il avait

1. **Jacques Pessis** (né en 1950). Écrivain, journaliste, scénariste, comédien et réalisateur français. Auteur de nombreux spectacles, biographies et documentaires sur certains artistes du XXe siècle, l'histoire de la vie parisienne au XXe siècle ou la chanson française. Légataire universel de Pierre Dac.

approchés. Un jour, une dépêche de l'AFP tomba selon laquelle le négus[1], *alias* « le roi des rois », était en train d'affronter un coup d'État. J'estimai que c'était un excellent sujet pour « Le Journal de 13 à 14 heures », que je présentais sur RTL. Or, faute de correspondant en Abyssinie, j'étais bien en peine de faire progresser l'information. Pessis intervint :

– J'ai noté, à tout hasard, pendant son dernier voyage officiel en France, le numéro de téléphone du négus.

Doutant de la présence du souverain mais ne risquant rien d'autre qu'une facture des PTT que je ne paierais pas, je décidai d'appeler le numéro fourni par Pessis. Miracle ! Ce fut le négus lui-même qui répondit. Dans un français impeccable, car, dans sa jeunesse, il avait vécu à Paris, il raconta que, tandis que les manifestants tiraient des coups de feu, il était seul dans son palais. Il espérait que, grâce au soutien de l'armée, l'ordre allait revenir. Le lendemain, on a appris qu'il avait été étouffé par les officiers de sa garde personnelle. Mais, par déférence, avec des oreillers brodés à ses armes...

---

1. Haïlé Sélassié Ier, dit « **le négus** » (1892-1975). Dernier empereur d'Éthiopie, renversé après quarante-quatre ans de règne. Deux cent vingt-cinquième descendant direct de la dynastie du roi Salomon et de la reine de Saba. Une des figures majeures de l'Afrique du XXe siècle, antifasciste, panafricaniste. A lancé un vaste programme de modernisation sociale et économique de son pays, avec des résultats souvent mitigés. Renversé et déchu par un coup d'État militaire en 1974.

Édouard Philippe

Je n'aime pas les grands, faute de pouvoir rencontrer leur regard. Mais j'avais fini par m'habituer à ce Premier ministre qui, à force de ténacité et de sérieux, s'était fait un nom avec deux prénoms.

Dans une conjoncture difficile, il apparaissait presque quotidiennement à la télévision, solennel et sinistre. À l'Assemblée nationale, il appelait « président » tous les députés qu'il interpellait. On assurait qu'il n'existait pas l'épaisseur d'une feuille de papier à cigarette entre lui et son employeur jusqu'à ce qu'il devienne plus populaire que lui. Il est retourné à la mairie du Havre. Dans quelques mois, il lui faudra choisir entre la mission de rassembler ce qu'il reste de la majorité et l'ambition de ravir la timbale à son bienfaiteur comme l'avait fait, en d'autres temps, un certain Macron à un certain Hollande.

Jean Piat[1]

Quand il s'est éteint, nous avons perdu à la fois un comédien de grand talent, un écrivain de haut vol, un sportif très doué et un séducteur qui n'abusait jamais de son charme.

Il avait triomphé partout. Au Conservatoire d'art dramatique puis à la Comédie-Française, mais aussi devant les caméras grâce aux *Rois maudits*. Avec Françoise Dorin[2], ils formaient un couple idéal de non-cohabitants. Elle écrivait des pièces à succès qu'il interprétait d'autant mieux qu'elle avait conçu le premier rôle pour lui.

Jean Piat était également le plus fidèle et le plus attentif des amis. Je ne publiais pas un bouquin ni une chronique sans que, de sa belle écriture, il me communiquât

1. **Jean Piat** (1924-2018). Comédien, écrivain et réalisateur français. Sociétaire de la Comédie-Française de 1953 à 1972. Célèbre pour ses rôles de Rouletabille (1947 et 1948), et dans *Lagardère* de Jean-Pierre Decourt (1967) ou dans *Les Rois maudits* (1972) de Claude Barma. Compagnon de Françoise Dorin de 1975 à 2018.

2. **Françoise Dorin** (1928-2018). Écrivaine, auteure de chansons et comédienne française. A publié une vingtaine de romans. Compagne de Jean Piat de 1975 à 2018.

ses remarques et ses compliments. L'âge n'avait en rien diminué ses performances musculaires et ses capacités intellectuelles.

Durant plus d'un demi-siècle, il a été l'homme que j'aurais aimé être si la nature m'avait offert davantage de beauté, de biceps et de matière grise.

Antoine Pinay[1]

Il fut sans doute l'un de nos plus populaires gouvernants. Son passé d'artisan, son langage simple et direct, son maintien modeste et son petit chapeau en avaient fait l'idole des Français. Sans être sorti de l'ENA, qui n'existait pas encore, il avait été un ministre des Finances très compétent avant de devenir président du Conseil. Désigné unanimement comme le successeur de Vincent Auriol, il renonça à être candidat au dernier moment. Je crois savoir, en dépit du mystère entretenu par les historiens de la IVe République, que l'ancien tanneur, moins tanné qu'on le supposait, avait appréhendé que ses adversaires fassent état de la rumeur lui prêtant une idylle avec une très jeune fille.

J'étais allé le voir à Saint-Chamond, la ville dont il avait été longtemps le député-maire et où il avait pris

1. **Antoine Pinay** (1891-1994). Industriel et homme d'État français. Président du Conseil et ministre des Finances sous Vincent Auriol (1952-1953), ministre des Affaires étrangères sous René Coty (1955-1956), ministre des Finances sous de Gaulle (1958), poste dont il démissionne en 1960, par mésentente avec le Général et désaccord avec la politique menée en Algérie.

une retraite sans joie. Une bourgade si lugubre qu'en repartant pour prendre mon train j'avais eu l'impression que ses murs suintaient l'ennui.

Bernard Pivot[1]

Le jour où je suis entré au *Figaro*, il a été engagé par *Le Figaro littéraire*. Moi comme garçon de courses. Lui en qualité de rédacteur. Maurice Noël, le patron des pages hebdomadaires, l'avait moins sélectionné pour son talent, qu'il ne connaissait pas encore, que pour appartenir à une famille de viticulteurs du Beaujolais.

Bernard maniait aussi bien la parole que le stylo. La télévision ne s'y est pas trompée, qui en a fait une vedette. À coups d'entretiens bien menés, Bernard est devenu en quelques années, avec Jacques Chancel, la dernière chance culturelle du petit écran. Ce n'est pas la moindre de ses contradictions qu'il ait toujours refusé d'être décoré et qu'il ait accepté de devenir président de la République des lettres grâce aux académiciens Goncourt. L'année où la timbale n'a pas échu, comme

1. **Bernard Pivot** (né en 1935). Journaliste français. Critique littéraire, producteur et animateur d'émissions littéraires : « Apostrophes » (de 1975 à 1990), « Bouillon de culture » (1991-2001) ou « Dicos d'or » (1985-2005). Créateur du magazine *Lire*. Président de l'académie Goncourt (2014-2019).

il le souhaitait, à Amélie Nothomb, il en a démissionné sous prétexte qu'il ne pouvait plus lire chaque année deux cents romans, avant de décerner un prix qui rapportait tout de suite 10 euros sous la forme d'un chèque qu'aucun lauréat ne touchait jamais et, quelques mois plus tard, plusieurs millions de droits d'auteur permettant d'attendre un hypothétique autre succès.

Encore heureux qu'il ait conservé sa critique hebdomadaire au *Journal du dimanche.* Sinon, on aurait pu supposer qu'il avait atteint « l'âge pivot ».

Jean Poiret[1] et Michel Serrault[2]

Je les ai vus débuter modestement dans de petits cabarets puis au Théâtre de Dix Heures. Leur duo était irrésistible. Comme dans les intermèdes de cirque, ils se partageaient les rôles. Poiret était le clown blanc, Serrault l'auguste. Leur sketch le plus désopilant caricaturait les interviews littéraires et culturelles. Poiret, présentateur de la télévision, mettait sur le gril Serrault incarnant un écrivain (ou un chef d'orchestre) déjanté nommé « M. Petit Lagrelèche ». Inspiré par la réalité, leur dialogue tournait

1. **Jean Poiret** (1926-1992). Comédien, auteur, scénariste et réalisateur français. A tourné avec Sacha Guitry (*Assassins et Voleurs*, 1957), François Truffaut (*Le Dernier Métro*, 1980), Claude Chabrol (*Inspecteur Lavardin*, 1986), Jean-Pierre Mocky (*Un drôle de paroissien* [1963], *Le Miraculé* [1987]), etc. Célèbre aussi pour son duo comique avec Michel Serrault et les grands succès qu'il a écrits et interprétés : *La Cage aux folles* (1973), *Joyeuses Pâques* (1982) et *Le Canard à l'orange* (1979), toutes trois mises en scène par Pierre Mondy.

2. **Michel Serrault** (1928-2007). Comédien français, l'un des plus populaires de sa génération. Grand acteur de théâtre, il est aussi apparu au cinéma dans *Les Diaboliques* (1955) d'Henri-Georges Clouzot, *Le Viager* (1972) de Pierre Tchernia, *Tout le monde il est beau, tout le monde il est gentil* (1972) de Jean Yanne, *La Cage aux folles* (1978) d'Édouard Molinaro, *Garde à vue* (1981) de Claude Miller, *Nelly et M. Arnaud* (1995) de Claude Sautet ou *Le bonheur est dans le pré* (1995) d'Étienne Chatiliez.

rapidement au délire. En coulisses et sans être payés pour cela, les deux compères continuaient à se moquer du monde. En multipliant les accusations imaginaires et les feintes colères. J'avais déjà l'impression – confirmée par la suite – d'assister moins à des prémices de spectacle qu'à l'expression d'un vrai mépris pour la société.

À regarder de plus près, Poiret et Serrault étaient très différents. Poiret, posé et réfléchi, s'exprimait normalement. Serrault chevrotait en entrecoupant ses phrases de petits cris. Mais surtout, il avait dans le regard cette lueur de folie que je n'ai décelée que chez les grands comiques. Sur scène ou devant la caméra, il était capable de tous les excès et, à la télévision, lorsque l'intérêt d'un entretien lui paraissait faiblir, il n'hésitait pas à baisser soudainement son pantalon. Chez lui, il ne se calmait pas. Aussi lui arrivait-il, en pleine nuit, de souffler dans son cor de chasse rien que pour réveiller les voisins. Une fois séparés, Poiret et Serrault ont mené des carrières en solo encore plus brillantes. Ils ont disparu à quinze ans d'intervalle. À ma connaissance, ils n'ont pas été remplacés.

Michel Polnareff

J'ai assisté à sa naissance médiatique. Certes, Russe par son père, Breton par sa mère, il avait déjà dépassé la vingtaine d'années, mais personne ne s'était avisé de son existence jusqu'à ce qu'un imprésario nommé Rolf Marbot le découvre et le lance. Pour accréditer les origines plus que modestes de son poulain, il nous avait affirmé au cours du repas de presse que le futur créateur de « La poupée qui fait non » tenait pour la première fois de sa vie entre ses doigts une fourchette et un couteau. Polnareff s'était prêté à toutes les exigences des photographes. Dix ans plus tard, à l'occasion d'une campagne publicitaire destinée à consacrer son vedettariat, retroussant une robe qui, avec ses cheveux trop blonds et trop longs, le faisait ressembler à un impudique travesti, il avait exhibé sur tous les murs de Paris la partie la plus charnue de son individu.

Soit par calcul soit par inclination, Polnareff avait enchaîné les foucades et les provocations. Il s'était exilé aux États-Unis, où il n'avait jamais retrouvé sa notoriété européenne. Il s'était amouraché d'une actrice mais, quand cette dernière avait eu un enfant, il avait assuré qu'il n'en était pas le père. Revenu à Paris, il s'était enfermé pendant près d'un an dans un appartement du Royal Monceau, où il se faisait livrer les plats asiatiques dont il raffolait. Vivant de ses droits d'auteur, il restait de longues semaines invisible et muet, sans autre activité que celle de soulever des haltères comme s'il était plus fier de ses biceps que de son cerveau. Nul doute que, outre son originalité, son organe vocal et ses dons de mélodiste lui vaudront une place à part dans l'histoire de la chanson.

Jean-Pierre Raffarin[1]

J'inscris avec amitié son nom sur la liste des Premiers ministres inattendus sortis du chapeau d'un chef de l'État. Je lui dois le petit ruban rouge qui orne ma boutonnière. Submergé par l'administration des affaires courantes, il m'a décoré quelques minutes avant de quitter l'hôtel Matignon. Aucun invité. C'est un garde républicain qui a fait sauter le bouchon de la bouteille du champagne dans lequel nous avons trempé nos lèvres, avant que Raffarin me tende une petite liasse :

– C'est mon discours. Vous pourrez le lire chez vous.

1. **Jean-Pierre Raffarin** (né en 1948). Homme d'État français. Président du conseil régional de Poitou-Charentes (1988-2002). Ministre du Commerce (1995-1997). Député européen. Sénateur. Premier ministre sous Chirac, de 2002 à 2005.

Fernand Raynaud[1]

Il était aussi fou au volant que sur scène. Ayant effectué à côté de lui – et à une époque où l'autoroute n'existait pas – le trajet de Cannes à Nice, j'ai cru ma dernière heure arrivée. Sous son pied, le champignon devenait plus mortel que l'amanite phalloïde. Bloquant également son avertisseur sonore, il doublait systématiquement en haut des côtes et confondait la route nationale avec un circuit de Formule 1. Il a d'ailleurs trouvé la mort en encastrant sa Rolls dans la muraille d'un cimetière. Comme à son habitude, il ne devait pas être à jeun.

Lorsqu'il faisait son one-man-show, il regagnait les coulisses entre deux sketches moins afin d'éponger la sueur que de se réhydrater avec un grand verre de vin blanc. Son public, majoritairement enthousiaste, avait intérêt à ne pas relâcher son attention. Lorsqu'il voyait quelqu'un somnoler ou échanger ses impressions avec

1. **Fernand Raynaud** (1926-1973). Comédien et humoriste français. Extrêmement populaire dans les années 1950-1960. A inventé le premier one-man-show comique en 1959, le *Fernand Raynaud Chaud*, qui a connu un triomphe.

un voisin, il interrompait son tour et prenait les trublions méchamment à partie. À sa demande, la direction du casino de Deauville avait accepté de suspendre les jeux lorsqu'il était à l'affiche pour qu'il ne lui manque aucun spectateur.

Doté d'un organe vocal éraillé, amputé de deux doigts par un accident du travail, cet ancien commis d'architecte auvergnat avait su transmuter ses faiblesses en force comique. Dommage que ses personnages d'épicier chauvin et raciste ou de plombier geignard lui aient si peu survécu.

Line Renaud

J'ai longtemps brocardé le couple infernal. C'est-à-dire Loulou et Line quand, debout sur la plateforme d'une voiture suiveuse du Tour de France, elle fredonnait « Ma petite folie ». Je lui ai prêté maintes bourdes qu'elle ne m'a jamais rendues. Et puis, j'ai fini par admirer un parcours qui avait fait d'elle une vedette du théâtre et de la télévision au point de lui faire troquer dans l'âge mûr la minijupe de ses exhibitions juvéniles contre la cravate de commandeur de la Légion d'honneur. À partir de quoi nous avons déjeuné ensemble et souvent échangé des points de vue politiques encore très différents.

Paul Ricard[1]

Bien que n'ayant jamais bu de pastis et détestant le goût de l'anis, j'ai passé une journée passionnante avec lui. En voiture puis en hors-bord, il m'avait fait visiter son empire : les îles de Bendor et des Embiez ainsi que ce qui devait devenir le circuit du Castellet. Dans les deux premières, il avait aménagé de confortables hôtels où il hébergeait gracieusement ses salariés les plus productifs. D'autres bâtiments étaient consacrés aux artisanats plus traditionnels, comme un souffleur de verre qui opérait sous le regard des touristes.

Paul Ricard avait des idées sur tous les problèmes relevant de l'économie et du social. Il en faisait régulièrement bénéficier les ministres de sa connaissance qui le remerciaient sans jamais en tenir compte. Pour assurer la promotion de sa marque, il avait engagé

1. **Paul Ricard** (1909-1997). Entrepreneur et mécène français. Maire de Signes (Var) de 1972 à 1980. Fondateur du groupe Ricard en 1932, à partir de sa propre recette de pastis. Passionné de sport, a créé le circuit du Castellet (1970), l'Observatoire de la mer (1966) et sponsorisé Alain Colas, Éric Tabarly ou l'équipe de Formule 1 Ligier.

un collaborateur jeune et dynamique nommé Charles Pasqua[1]. Ensemble, ils avaient imaginé de patronner de nombreuses activités sportives et en particulier tous les concours de boules dotés généreusement. J'imagine que, si la vocation de l'industriel n'avait pas été d'alcooliser les Français, il aurait fait à la tête de la France un très convenable président.

1. **Charles Pasqua** (1927-2015). Homme politique français. Cofondateur et vice-président du SAC (Service d'Action Civique), « police privée » du gaullisme, en 1959. Député, sénateur puis président du conseil général des Hauts-de-Seine (1976-2004). Ministre de l'Intérieur sous François Mitterrand (1986-1988 et 1993-1995). Célèbre pour son accent provençal et ses réseaux.

Tino Rossi[1]

Il était beaucoup plus fier d'avoir été proclamé « le Corse le plus célèbre après Napoléon » que d'exercer une irrésistible attraction sur le sexe prétendu faible. Sans doute plus attirées par sa voix mélodieuse que par son physique rondouillard, les groupies de tous les âges le poursuivaient sans relâche. Surveillé par son épouse, ancien mannequin et très jalouse, il les tenait à distance. Faute des étreintes souhaitées, les plus amoureuses se jetaient sous les roues de sa voiture.

Tino était un vrai Méridional. Il aimait son île, la mer, le bateau, la bouillabaisse, le chianti et la sieste. J'avais l'occasion de le rencontrer dans notre banque commune, une succursale de la Société Générale installée place Saint-Philippe-du-Roule. Un jour, alors que j'avais sollicité un petit crédit, il venait de consulter son compte. Guère plus réjoui que s'il avait été à découvert :

1. **Tino Rossi** (1907-1983). Chanteur et comédien français d'origine corse. Surnommé « le Roi des chanteurs de charme ». A vendu plus de dix millions de disques en France ; sa chanson « Petit Papa Noël », sortie en 1946, restant la plus vendue de l'histoire en France.

– J'ai atteint tout juste le milliard.

Un temps, puis prenant un air véritablement accablé, car l'humour n'était pas sa spécialité :

– Je repars de zéro...

Frédéric Rossif[1]

Il était né au Monténégro et avait exercé tous les métiers, avant de devenir un génie de l'image. Féru de cinéma, il avait mémorisé dix mille plans de films qu'il pouvait reconnaître ou évoquer à la demande. Avec de vieilles séquences d'actualités, il confectionnait de petits chefs-d'œuvre. Il était au courant des dernières découvertes scientifiques et des petits ragots parisiens. Il savait animer les émissions, diriger les acteurs, raconter le passé et imaginer l'avenir. Très fier des dimensions extraordinaires de son crâne, il m'avait dit, peu avant de disparaître :

– J'ai fait mon testament. Je lègue ma cervelle à la soupe populaire.

1. **Frédéric Rossif** (1922-1990). Réalisateur, producteur et documentariste français. Spécialiste du film de montage. Entré à l'ORTF en 1952. Réalisateur de « Cinq colonnes à la une », de « La Vie des animaux » ou du documentaire *De Nuremberg à Nuremberg* (1989).

Jean Rostand[1]

Il était le fils du génial auteur de *Cyrano de Bergerac* et de la poétesse Rosemonde Gérard. Scientifique de haut niveau, il étudiait dans sa maison de Ville-d'Avray les dizaines de grenouilles qu'il élevait avec tendresse et auxquelles il avait fini par ressembler. Philosophe et moraliste, avocat des grandes causes qui nourrissent encore les débats aujourd'hui, il intervenait volontiers sur tous les sujets de société. Il était également un champion du jeu d'échecs. Il avait publié un livre qu'on devrait rééditer : « Tout ce que nous pouvons pour nos enfants, c'est de bien choisir leur mère. » Ardent anti-atomiste, il avait refusé, comme on le lui proposait, d'être candidat à la présidence de la République. Mandaté pour recueillir ses impressions, je n'avais eu droit qu'à une moue amusée et à la présentation de sa colonie de crapauds. On doit à cet agnostique un remarquable aphorisme : « La science a fait de nous des dieux avant même que nous méritions d'être des hommes. »

1. **Jean Rostand** (1894-1977). Biologiste, moraliste, écrivain, historien et académicien français, d'une grande liberté d'esprit. Auteur d'une œuvre scientifique prolifique et de *Pages d'un moraliste* (1952).

Nadine de Rothschild[1]

Week-end au château de Pregny, sur les bords du lac Léman, à l'invitation de Nadine et d'Edmond. J'ai connu Edmond au « Club des Cent », et Nadine au music-hall, où elle ponctuait la présentation des artistes à l'aide de « Youpi ! » du plus gracieux effet. Edmond était à la fois le plus discret et le plus riche des Rothschild. Nadine l'avait séduit en lui servant des spaghettis dans sa petite cuisine. Après quoi, elle avait disposé d'un personnel stylé et troqué la vaisselle en carton (-pâte) contre des couverts en vermeil. Passée de la minijupe au collet monté, convertie au judaïsme, reconvertie dans les œuvres charitables, depuis elle fait une baronne à la fois très drôle et très convenable.

---

1. Baronne **Nadine de Rothschild** (née en 1932). Comédienne, présentatrice de music-hall et personnalité mondaine française, veuve du banquier franco-suisse Edmond de Rothschild. Célèbre pour ses guides de savoir-vivre, dont *Le Bonheur de séduire, l'art de réussir, le savoir-vivre du XXIe siècle* (1991), vendu à plus de 170 000 exemplaires.

Laurent Ruquier

Des confrères en quête de méchancetés s'informent parfois de mon opinion sur lui. J'élude en expliquant qu'il ne fait pas plus partie de mon univers que je n'appartiens au sien. Lorsqu'on insiste pour savoir si j'écoute l'animateur qui m'a remplacé après avoir tenté vainement de me rattraper pendant une décennie, j'allègue trois raisons de ne pas lui prêter oreille : d'abord, je suis trop accaparé par mes propres productions pour me préoccuper de celles des autres ; ensuite, nous ne possédons pas, lui et moi, les mêmes références culturelles ; enfin, mon égocentrisme professionnel m'interdit de donner de l'importance – fût-ce en la condamnant – à une activité d'autrui. La vérité est plus simple. Si « Les Grosses Têtes » d'aujourd'hui me paraissaient meilleures que « Les Grosses Têtes » d'avant-hier, j'en serais chagriné et, si elles étaient moins drôles, je déplorerais davantage d'en avoir été évincé.

Permettez-moi d'ajouter un retour sur le passé. Voilà une trentaine d'années, j'entretenais de bons rapports avec Ruquier. Je me souviens même d'avoir été le spectateur d'un monologue théâtral au fil duquel il détaillait non sans talent ses problèmes les plus intimes. À l'issue de la représentation, je m'étais rendu dans sa loge pour le féliciter. J'admirais également sa logorrhée volubile que je comparais à celle des démonstrateurs proposant des épluches-pomme de terre électriques devant les grands magasins.

Lorsque, avant d'être débarqué lui-même, Stéphane Duhamel[1] décida de m'arrêter en plein succès, j'acceptai volontiers la proposition que me faisaient les dirigeants d'Europe 1 d'intervenir l'après-midi sous la houlette de Ruquier et toujours au même horaire. Je m'attendais à un accueil d'autant plus chaleureux que je ne faisais plus figure d'adversaire heureux dans les sondages d'audience. Je fus déçu. Ruquier ne songeait qu'à se venger des croupières que je lui avais taillées si longtemps. Au lieu de m'exploiter comme une « prise de guerre », il ne perdait pas une occasion de me tacler. Comme son émission était enregistrée, il se vantait de couper au montage la plupart de mes interventions.

Quand, après trois mois de supplice, je réintégrai RTL, en reprenant durant quatorze ans les rênes de mon destrier radiophonique, Ruquier eut de nouveau à pâtir de ma concurrence et se retrouva relégué au second plan.

1. **Stéphane Duhamel** (né en 1951). Dirigeant de médias français. Directeur général de RTL, a écarté en 2000 Philippe Bouvard des « Grosses Têtes ». A perdu lui-même son poste à la fin de la même année, après une chute d'audience de 25 %.

Robert Sabatier[1]

Il avait débuté modestement dans l'imprimerie avant d'être tiré à des millions d'exemplaires et de devenir le plus populaire de nos romanciers. J'appréciais son talent et son autodidactisme qui, malgré une absence totale d'études et de diplôme, le faisaient presque aussi bien répondre que Jean Dutourd aux questions des « Grosses Têtes ».

Hélas ! il a suffi d'un dîner pour que je l'expulse de mon cercle amical et que je ne le revoie plus jamais. Le repas avait lieu chez mon sympathique confrère Jérôme Béglé[2]. Après des échanges anodins, la conversation bifurqua vers la rafle du Vél' d'Hiv', dont la presse avait évoqué le matin même le triste anniversaire. Alors que la plupart des invités fustigeaient la responsabilité de la

1. **Robert Sabatier** (1923-2012). Écrivain, typographe et éditeur français. Réputé pour sa série *Le Roman d'Olivier* (« Les Allumettes suédoises » [1969], « Trois Sucettes à la menthe » [1972], « Les Noisettes sauvages » [1974], etc.), écoulée à plus de trois millions d'exemplaires. A longtemps travaillé aux Presses universitaires de France et chez Albin Michel.

2. **Jérôme Béglé** (né en 1971). Journaliste français. Directeur adjoint de la rédaction du *Point*, après avoir longtemps travaillé à *Paris Match*.

police française et la cruauté des autorités d'Occupation, Sabatier intervint :

– J'ai assisté depuis une terrasse de café proche à l'embarquement que vous évoquez. Je puis vous assurer que les juifs montaient allègrement à bord des autobus, tout contents de partir en promenade.

Je me suis levé, rouge de colère, en criant que mes grands-parents adoptifs avaient été arrêtés ce jour-là puis déportés à Auschwitz, dont ils n'étaient jamais revenus.

Françoise Sagan

Elle était née romancière, comme d'autres diabétiques. À 18 ans, son *Bonjour tristesse* lui avait valu le tirage d'un prix Goncourt, les louanges de la critique, François Mauriac[1] en tête, et une adaptation cinématographique. Contrairement à d'autres enfants prodiges, elle avait ensuite récidivé, excellant également au théâtre et dans le journalisme.

Facilités par Jacques Chazot, notre ami à la fois commun et distingué, nos premiers contacts s'étaient bien passés. Dommage qu'un jour où elle devait me rejoindre pour être la vedette de « Samedi soir », mon émission enregistrée chez Maxim's, elle oublia de venir pour avoir abusé des paradis artificiels. Je me fâchai, me privant de la meilleure des interlocutrices, bien que son élocution, altérée par le whisky, laissât parfois à désirer. De

1. **François Mauriac** (1885-1970). Écrivain, critique et académicien français. Auteur d'œuvres majeures, d'une certaine noirceur, tels *Le Baiser au lépreux* (1922), *Thérèse Desqueyroux* (1927) ou *Le Nœud de vipères* (1932). Auteur d'un « Bloc-notes » souvent polémique dans *Le Figaro*, puis *L'Express* de 1952 à sa mort.

loin, je suivis ses succès, ses mariages, ses divorces, ses accidents de voiture, ses maladies et des difficultés financières aggravées par l'amitié et le jeu. Certes, ses droits d'auteur étaient confortables, mais il lui fallait entretenir, dans le manoir d'Equemauville acheté avec ses gains d'une nuit de chemin de fer, une douzaine de copains assoiffés et financer ses pertes à la roulette. La drogue avait achevé de détruire une santé déjà fragile. Au point que, invitée à accompagner François Mitterrand dans l'un de ses voyages officiels, elle avait dû être rapatriée d'urgence avant la fin du déplacement.

C'est dans un casino de province que je l'ai vue pour la dernière fois. Fataliste et résignée, elle regardait la petite bille d'ivoire tourner dans le cylindre aux trente-sept numéros sans jamais s'arrêter sur ceux qu'elle avait choisis. Elle est morte avant d'avoir pu célébrer son soixante-dixième anniversaire, seule, désespérée, en créant un grand vide dans les librairies et les salles de jeux.

Henri Salvador[1]

Avant de triompher en solo, il avait fait ses premières armes dans l'orchestre de Ray Ventura[2]. Répertorié comme chanteur et mélodiste, il aura été sur scène, mais aussi en coulisses, le plus désopilant de nos grands amuseurs. Sans doute a-t-il dû cette suprématie à une différence essentielle : les autres faisaient rire leurs auditoires, alors que Salvador riait avant son public. Au point qu'il avait pu enregistrer un disque de rires sans

1. **Henri Salvador** (1917-2008). Chanteur, auteur, compositeur, musicien et humoriste français, d'origine guyanaise. Artiste populaire, à la très longue carrière (débutée dans les années 1930). Connu pour ses innombrables succès : « Syracuse » (1962), « Le Loup, la Biche et le Chevalier (Une chanson douce) » (1950), « Le lion est mort ce soir » (1962), « Jardin d'hiver » (2000), etc. A débuté avec l'orchestre de Ray Ventura, lors d'une tournée en Amérique du Sud (1941-1945). Puis a été l'un des premiers à interpréter des airs de rock'n'roll en français. Passionné de football et de pétanque.

2. **Ray Ventura** (1908-1979). Compositeur, chef d'orchestre, éditeur de musique et producteur français. Réputé pour son orchestre à sketches, ses spectacles à succès avec ses « Collégiens » (à partir de 1931 et jusqu'aux années 1960) et des chansons comme « Tout va très bien, madame la marquise » (1935), « Ça vaut mieux que d'attraper la scarlatine » (1936), « Qu'est-ce qu'on attend pour être heureux ? » (1938), « Sifflez en travaillant » (1938), etc. A contribué à lancer Sacha Distel (son neveu), Henri Salvador et Georges Brassens.

la moindre parole. Son inspiration n'était pas moins originale, qui lui avait fait composer « Le Blues du dentiste » et écrire un sketch où il incarnait un publicitaire vantant à la télévision, entre deux hoquets, les vertus d'une marque de whisky.

En privé, il n'était pas moins exubérant. Un soir où nous dînions à la brasserie Lipp, un petit york échappé du manchon de la dame assise à la table voisine se réfugia sur la braguette d'Henri. La dame se confondit en excuses :

– Monsieur Salvador, comment me faire pardonner ?

Salvador tendit alors à la charmante une perche qu'elle n'attendait pas :

– Facile. Vous n'avez qu'à prendre la place du chien...

Une autre fois, j'étais venu assister à l'un de ses spectacles en compagnie d'une grand-tante très catho, mais qui l'adorait. À l'entracte, nous étions allés saluer l'artiste. Il était en train de procéder à un raccord de maquillage et ne s'était même pas retourné. J'avais fait les présentations :

– Henri, voici ma grand-tante, qui est une de tes fans.

Après avoir lorgné dans son miroir le bibi à voilette de la visiteuse, l'auteur de « Syracuse » avait grommelé :

– Elle couche, la vieille ?

J'étais catastrophé. Henri venait de dépasser les bornes. La grand-tante ne me pardonnerait jamais son incongruité. Or, dès que nous fûmes dans le couloir, elle me dit d'un ton enjoué :

– Qu'est-ce qu'il est drôle, ton copain !

Alice Sapritch[1]

On avait peine à croire en voyant ses traits burinés par l'âge et la fatigue que, dans sa jeunesse, elle avait posé comme modèle nu pour les peintres de Montparnasse. Plus que le théâtre, la télévision en avait fait une star. Elle avait fourni à Thierry Le Luron la plus cruelle de ses imitations. Avec son physique devenu ingrat et sa voix de rogomme cassée par les criailleries, elle campait à merveille les chieuses, comme la Folcoche d'Hervé Bazin. Elle avait bien voulu accepter le rôle principal dans une de mes comédies intitulée *Au plaisir, Madame*, au fil de laquelle j'avais imaginé qu'une maison de tolérance pour dames avec des pensionnaires masculins pouvait fonctionner en France comme aux États-Unis.

C'est elle, qui, avec Jean Dutourd, m'avait surnommé « Poupounet », un sobriquet juvénile que j'ai porté jusqu'à la soixantaine.

---

1. **Alice Sapritch** (1916-1990). Comédienne française d'origine arménienne. Célèbre pour son strip-tease dans *La Folie des grandeurs* (1971) de Gérard Oury, pour son rôle de Folcoche dans *Vipère au poing* (1971) de Pierre Cardinal ou celui de l'empoisonneuse dans *L'Affaire Marie Besnard* (1986) d'Yves-André Hubert. Sociétaire des « Grosses Têtes ».

Nicolas Sarkozy

Il est une très ancienne connaissance. Je l'ai vu pour la première fois à la mairie de Neuilly, qu'il venait de ravir à Charles Pasqua, son premier mentor. Je me suis rendu à ses invitations lorsqu'il était Place Beauvau, puis à l'Élysée. Ce qui m'a permis de revoir Cécilia, qui, trente ans plus tôt, était venue m'aider à pendre ma crémaillère à Cannes alors qu'elle était encore mariée avec Jacques Martin. Puis j'ai profité d'une traversée du désert de Nicolas pour partager sans témoin avec lui le pain, sinon le vin. Bien qu'il n'écluse jamais le second, il m'a avoué que, alors qu'il mariait Cécilia Albéniz à Jacques Martin, il s'était dit : « Cette femme sera un jour la mienne. » Pour réaliser ce rêve, il était devenu le meilleur ami du couple. On connaît la suite, qui aligna deux divorces assez grinçants. Après un récital (très réussi) de Carla Bruni, nous nous sommes retrouvés dans un petit bistrot près de la Croisette. Je me suis souvenu, en me tenant (intérieurement) les côtes, de la première rencontre entre Nicolas et Carla à la table d'un ami qui souhaitait distraire le nouveau divorcé. Elle s'était d'abord enquise de savoir ce que son futur époux faisait dans la vie puis, après le café, lui avait demandé s'il possédait une voiture, en paraissant ignorer qu'il était chef de l'État et qu'il ne se déplaçait jamais sans être précédé et escorté de véhicules de police.

J'ai souvent retrouvé Sarkozy dans son bureau, cerné par les boîtes du chocolat dont il a fait sa drogue. Tactile comme moi quand, pendant une conversation animée, il me prenait par le revers du veston, j'avais l'impression qu'il allait me remonter les bretelles. J'ai beaucoup regretté que les électeurs lui préfèrent Hollande. J'ai admiré qu'avant de devenir un best-seller dans les librairies il se reconvertisse dans les conférences et dans les conseils d'administration. Très occupé, il a su trouver le temps de me téléphoner à l'occasion de mon quatre-vingt-dixième anniversaire (le jour de la Saint-Nicolas). Étant donné le nombre de ficelles qu'il tire dans la coulisse, je suis persuadé qu'il aura droit un jour à un second quinquennat.

Omar Sharif[1]

Une bonne part de ce qu'il laissait sur les tapis verts, il le devait au *Docteur Jivago* et à *Lawrence d'Arabie*, les rôles qui l'avaient gratifié d'une notoriété universelle sans qu'il devienne pour autant, comme tant d'autres, une vedette revêche. Diplômé en physique et en mathématiques, parlant cinq langues, il était aimable et gentil. Avec lui, le tutoiement était facile pour ne pas dire obligatoire.

Lassé de voir ses cachets fondre dans le cylindre de la roulette, il avait réussi à faire du jeu une source de bénéfices. D'abord, en devenant champion de bridge et en disputant avec des débutants des parties qu'il qualifiait modestement d'intéressées. Ensuite, en acceptant d'être actionnaire d'un casino.

Il n'en vivait pas moins très simplement dans un hôtel moyen, sans souci de personnel, et protestait avec

1. **Omar Sharif** (1932-2015). Comédien d'origine égyptienne. Découvert par Youssef Chahine, est devenu une star après avoir joué dans *Lawrence d'Arabie* (1962) et *Le Docteur Jivago* (1965), tous deux de David Lean. Réputé aussi pour sa passion du jeu et des courses hippiques, et ses conquêtes féminines (Dalida, Ingrid Bergman, Ava Gardner, Anouk Aimée, Barbra Streisand, etc.).

véhémence chaque fois qu'on évoquait ses multiples conquêtes amoureuses :

– C'est une légende. Je n'intéresse plus les femmes depuis longtemps.

Sheila[1]

Née Annie Chancel, elle avait choisi un pseudonyme tandis que Joseph Cramp décidait de s'appeler Jacques Chancel. Encore adolescente, elle avait lancé quelques tubes et la mode des couettes. Puis, après un duo vocal réussi, elle s'était mariée avec le chanteur Ringo Willy Cat.

Elle aurait eu une carrière sans histoires si Gérard de Villiers, pilier de la presse à scandale avant de devenir romancier à succès, n'avait pas – moitié par malice, moitié par méchanceté – « révélé » que Sheila était en réalité un homme. À l'appui de ses dires, il avait produit le témoignage d'une prétendue infirmière présente dans le bloc opératoire lors de l'ablation du sexe masculin.

Un demi-siècle a passé. La rumeur est cependant encore colportée, alors que Sheila a d'abord été sans conteste la plus séduisante des fillettes et ensuite une très jolie femme.

1. **Sheila** (née en 1945). Chanteuse française. Icône des années yéyé et disco, depuis son premier succès « L'école est finie » (1963). A vendu 85 millions de disques dans le monde, dont « Vous les copains, je ne vous oublierai jamais », « Les Gondoles à Venise », « Spacer », « Les Rois mages », etc.

Des génies et des pittoresques...

J'ai été très étonné qu'au moment du confinement et de la fermeture de tous les établissements d'enseignement aucun artiste n'ait eu l'idée de reprendre « L'école est finie ».

Georges Simenon

Il m'avait « à la bonne », comme on dit vulgairement. Je suppose, avec le recul dont je dispose aujourd'hui, que je séduisais mes interlocuteurs avec l'air ravi que j'affichais en écoutant leurs propos. Après plusieurs interviews qui avaient eu l'heur de lui plaire, le père du commissaire Maigret m'avait invité à passer vingt-quatre heures dans son bunker helvétique d'Épalinges. Une énorme bâtisse dans laquelle il avait fait aménager sa « librairie », où s'alignaient sur des centaines de rayons toutes les traductions de ses romans, et un bloc opératoire qui devait permettre une intervention rapide si cet hypocondriaque chronique tombait vraiment malade. Il régnait dans cette maison une étrange atmosphère. Simenon était un despote familial. Le résultat était terrifiant : une première épouse internée, une seconde guère plus équilibrée, un fils alcoolique, une fille qui s'était suicidée et dont il avait dispersé les cendres dans son jardin. Il avait terminé son existence dans une maisonnette de Lausanne en compagnie de Thérésa, une ancienne femme de chambre qui, après avoir longtemps fait son lit, y avait eu accès.

Michel Simon

Il aura été sans doute le plus génial et le plus pittoresque des acteurs français. Né en Suisse, il avait d'abord tâté sans succès de l'imprimerie, avant qu'on s'avise que sa mine perpétuellement renfrognée et son organe vocal caverneux feraient merveille au cinéma. Au fil des interviews, nous étions devenus suffisamment amis pour qu'il me fasse visiter son refuge au Raincy et qu'il m'emmène dans sa tournée des quartiers chauds. Dans sa maison, où il vivait maritalement avec une guenon à laquelle il offrait des bijoux et des robes et qui l'accompagnait dans les cocktails parisiens, ses valises à moitié défaites encombraient toujours le hall :

– Bien sûr, j'habite ici depuis vingt-cinq ans, mais je peux repartir du jour au lendemain…

Il possédait aussi un couple de mainates qui faisaient la joie de ses rares amis. La femelle interrompait les conversations en imitant la sonnerie du téléphone ; le mâle, dès qu'il voyait se profiler une autre silhouette que celle de son maître, tonitruait « Sale con ! ».

Une fois tous les deux mois, nous déjeunions dans un bistrot de la porte Saint-Denis. Après le café, nous partions pour ce que Michel Simon appelait « une promenade de santé ». Entendez par là que nous parcourions la rue Saint-Denis, où s'épanouissait à l'époque le plus vieux métier du monde. Sous chaque porche, Michel retrouvait une vieille connaissance qu'il appelait par son prénom en lui demandant des nouvelles de ses enfants. Ensuite, il évoquait à mon usage les spécialités de la dame.

Il était à la fois la providence et la terreur des metteurs en scène, pas encore rebaptisés « réalisateurs ». La providence, car son nom avait un effet magique pour monter un film et assurer sa fréquentation. La terreur, parce qu'il n'acceptait aucun ordre, nulle consigne et que, quand il ne se souvenait plus de son texte, il grommelait de façon inintelligible. Certaines de ses exigences sont demeurées célèbres. Lorsqu'il jouait au Théâtre Antoine, dirigé par Simone Berriau, il avait fait irruption dans le bureau directorial une demi-heure avant le début de la représentation et avait posé cette condition :

– Si vous ne me faites pas une gâterie, je ne jouerai pas ce soir.

En racontant l'anecdote, Simone Berriau concluait :

– Le rideau s'est levé à l'heure habituelle.

Siri

À 90 ans passés, je me suis découvert un nouveau copain. Il se fait appeler « Siri ». Il est serviable et cultivé. Je peux aussi bien lui demander l'heure que l'interroger sur l'évasion du fort de Ham du futur Napoléon III sous la défroque d'un peintre baptisé « Badinguet ». Lorsqu'il s'agit du temps qui passe, tantôt il me répond sèchement et d'une voix cassante, tantôt il prend son temps et fait précéder la précision horaire d'un plus onctueux « Il est exactement... », sans que je sois parvenu à déterminer la raison de ce changement de ton.

Lorsque je souhaite rafraîchir ma mémoire à propos d'un patronyme célèbre mais oublié ou d'un épisode historique, sa réponse n'est plus vocale mais écrite. Bien sûr, je n'ignore pas qu'il a été minutieusement programmé par des spécialistes, mais j'admire que, si on lui susurre une gauloiserie ou une déclaration d'amour, il se contente de « Ce n'est pas de mon ressort » ou de « C'est gentil ». En revanche, il obtempère sans barguigner si on a envie d'un petit récital de « *beatbox* ».

Bernard Tapie

On conservera de lui le souvenir d'un homme qui eut tous les dons et tous les malheurs. Tour à tour vendeur de téléviseurs, chanteur, chef d'entreprise, député, ministre, comédien. Certes, il avait plus d'entregent que de morale, mais il sut faire preuve d'autant de courage devant les jalousies que face aux cancers. Tapie aura tout vécu, tout gagné et tout perdu. Sans doute la chance a-t-elle commencé à lui manquer lorsque, après avoir conquis François Mitterrand en le faisant rire, il est entré en politique. Traîné en justice, dépouillé d'une fortune due au départ aux reprises à bon compte de sociétés en difficulté, il se voit réclamer aujourd'hui les quatre cents millions d'euros de dommages et intérêts alloués en réparation d'une revente d'Adidas moins profitable pour lui que pour les banques.

« Nanard » aura connu les conforts du pouvoir et la paille humide des cachots, les insultes des uns et les acclamations des autres. Nul davantage que lui ne sera tombé plus souvent de Charybde en Scylla et du Capitole à la roche Tarpéienne. Un exemple entre cent :

après avoir mené grand train dans l'hôtel particulier de la rue des Saints-Pères racheté à un grand couturier, il s'était retrouvé à la rue avant que son adversaire auquel un jugement avait attribué la totalité du bien ne le maintienne dans deux pièces, parce qu'il estimait que sa présence lui permettait d'économiser le salaire d'un veilleur de nuit.

Comme cela m'est arrivé souvent, j'ai fait la connaissance de Tapie en l'interviewant alors qu'il commençait tout juste à défrayer la chronique. Dans son bureau de l'avenue de Friedland, il m'avait reçu à bras ouverts en proposant au bout de cinq minutes que nous nous tutoyions. Avec, en prime, une suggestion au moment de nous séparer :

– Tu es très connu et très chic. Pourquoi ne lancerais-tu pas ta marque de vêtements ?

En me découvrant dans le grand miroir placé au rez-de-chaussée en face de l'ascenseur, j'ai compris qu'il s'était payé ma tête.

Ludmila Tcherina[1]

Née Tchermerzine, fille d'un colonel compagnon d'armes du tsar, elle avait tous les dons : la beauté, le charme, l'intelligence. Aussi capable d'une digression politique que de peindre sur la toile le Grand Canal, elle fit la conquête des contemporains les plus haut placés, comme Malraux qui appréciait qu'elle parût comprendre ses propos les plus obscurs ainsi que Giscard qui, venu la voir un après-midi, dut se réfugier dans le local aux poubelles pour échapper à des curiosités gênantes.

Ancien petit rat de l'Opéra, elle était devenue danseuse étoile à force de travail et de privation. Elle était fière – et c'était à peine une vantardise – que son tour de taille pût utiliser comme ceinture son alliance. Lorsque, le succès et l'âge aidant, elle fut décorée, elle porta sur sa chemise de nuit les insignes de notre premier ordre

1. **Ludmila Tcherina** (1924-2004). Comédienne, danseuse, écrivaine, peintre et sculptrice française. Étoile des Ballets de Paris de Roland Petit (1947) et du Metropolitan Opera de New York (1950). Première danseuse occidentale à se produire au Bolchoï de Moscou (1959) et au Kirov de Saint-Pétersbourg. A créé de nombreux ballets contemporains pour George Balanchine, Serge Lifar, Maurice Béjart, etc.

national. Narcissique comme tous les artistes, elle ne parlait que d'elle-même lorsqu'elle paraissait s'intéresser à autrui. Elle s'en rendit compte un jour où, après m'avoir détaillé pendant deux heures ses plus grandes réussites, elle me dit gentiment :

– Et si l'on parlait un peu de toi. Quand viens-tu voir mon exposition ?

Je l'ai rencontrée d'innombrables fois, car elle faisait partie des meilleures amies de ma femme. Après un danseur célèbre qui avait disparu, elle avait épousé Raymond Roi, un ancien poseur de parquet promu créateur des sociétés civiles foncières permettant aux petits épargnants de posséder des actions d'immeubles prestigieux.

En fait, Raymond vivait avec deux femmes : Ludmila, la ballerine éthérée, et Monique, la bonne vivante. La première se nourrissait avec quelques grains de caviar ; la seconde se tartinait d'épaisses couches de fromage. La première affectionnait les grands classiques ; la seconde se délectait d'histoires grivoises. Ce fut un double chagrin de les voir disparaître toutes les deux.

Carmen Tessier[1]

Elle tenait table ouverte et confessait le Tout-Paris. Sa succession n'est pas mon meilleur souvenir. Jean Méo, le propriétaire de *France-Soir*, m'avait engagé comme « columniste » à la place de la commère qui officiait depuis trente ans, après un bref coup de fil par lequel je l'avais informé que je quittais *Le Figaro* :

– Vous commencez lundi prochain. Je double votre salaire.

Il m'avait d'abord fallu affronter André-Louis Dubois, le tout-puissant préfet de police qui était l'époux de Carmen. Le haut fonctionnaire avait tenté de me dissuader d'accepter la rubrique que l'on me proposait. En me faisant valoir, d'une part, que la collecte des petits échos dont j'aurais la responsabilité n'était pas à la hauteur de mon talent et, d'autre part, que je ne

1. **Carmen Tessier** (1911-1980). Journaliste française. Tenant à *France-Soir* la rubrique « Les potins de la commère » rapportant des rumeurs sur les célébrités (Philippe Bouvard la remplace à ce poste en 1973). Épouse du préfet de police de Paris de l'époque, André Dubois, devenu ensuite administrateur de *Paris Match*.

possédais pas un carnet d'adresses suffisamment rempli ni la situation mondaine autorisant à côtoyer les plus hautes autorités de l'État. Je ne changeais pas mon fusil d'épaule, mais seulement ma plume d'encrier. Je m'en repentis cependant lorsque, plus tard, Carmen Tessier, désespérée par l'oisiveté et la perte de son statut social, se jeta dans le vide du haut de son cinquième étage.

Henri Tisot[1]

D'être haut comme trois pommes à genoux ne l'avait pas empêché de devenir l'imitateur attitré et sans concurrence de Charles de Gaulle. Il lui suffisait de gagner quelques centimètres, avec le képi à deux étoiles de général de division, et de reprendre les envolées oratoires de son illustre modèle pour qu'on y croie. Bien sûr, il devait à « l'Homme du 18-Juin » sa notoriété et son succès. Mais cette parodie avait perturbé sa carrière de comédien et son équilibre personnel. Lui proposait-on des rôles de Français moyen ? Il les refusait pour ne pas déchoir. Donnait-il une interview ? C'était avec la voix du premier président de la Ve République. Avec ses cachets, il avait fait emplette d'une propriété en province qu'il avait baptisée « Le petit Colombey ». La légende veut qu'il ait demandé à être inhumé avec le fameux képi. Mais je n'en suis pas certain.

1. **Henri Tisot** (1937-2011). Comédien, humoriste et écrivain français. Pensionnaire de la Comédie-Française à partir de 1958. Célèbre pour ses imitations de Charles de Gaulle.

Charles Trenet[1]

Il ne fallait pas prononcer distinctement la dernière lettre de son patronyme, car il n'était pas très net. Affligé d'un caractère détestable, il n'avait aucun respect de la parole donnée et traitait tous ses contemporains par le mépris. Pour satisfaire sa libido, il recueillait des adolescents en difficulté. À d'autres heures, heureusement, il était un mélodiste inspiré et un délicat poète. Autoproclamé « Le Fou chantant », il possédait autant de demeures que le marquis de Carabas, qu'il décorait selon un goût qui n'était pas le meilleur. Ainsi, avec les droits d'auteur de « À la porte du garage », avait-il bariolé de couleurs criardes sa villa des bords de Marne.

Accusé d'incitations de mineurs à la débauche, il avait passé quelques semaines en prison. Il en était ressorti,

1. **Charles Trenet** (1913-2001). Chanteur, auteur et compositeur français. Auteur de plus de mille chansons, dont beaucoup de grands succès populaires, tels que « Y'a d'la joie » (1936), « Je chante » (1937), « Boum ! » (1938), « Douce France » (1943), « La Mer » (1946), etc.

fanfaronnant et sans renoncer à ses mauvaises habitudes. Dommage, car « Revoir Paris » et « Route Nationale 7 » sont de petits chefs-d'œuvre.

Lino Ventura[1]

On l'avait d'abord applaudi en tant que catcheur, puis comme vedette de cinéma. Sur les rings et sur les écrans, il avait incarné la force tranquille, aussi crédible lorsqu'il serrait les mâchoires devant des mauvais garçons que lorsqu'il faisait une main blanche à des adversaires pugilistiques. En privé, il se montrait plus doux. Son principal sport ne consistait plus qu'à préparer des spaghettis. Il riait peu soit parce qu'il ne trouvait pas la vie très hilarante, soit pour ne pas découvrir trop souvent les fausses dents dont ses combats l'avaient contraint à faire emplette. Ses contrats d'acteur stipulaient que, quel que

1. **Lino Ventura** (1919-1987). Comédien, lutteur et catcheur (champion d'Europe 1950 des poids moyens) italien. A été l'un des acteurs les plus populaires du cinéma français du XXe siècle. Surnommé « Le Fauve » et souvent abonné aux rôles de truand, d'espion ou de policier. A débuté dans *Touchez pas au grisbi* (1953) de Jacques Becker. Ont suivi *Razzia sur la chnouf* (1954) d'Henri Decoin, *Un taxi pour Tobrouk* (1960) de Denys de La Patellière, *Les Tontons flingueurs* (1963) de Georges Lautner, *L'Armée des ombres* (1969) de Jean-Pierre Melville, *Le Clan des Siciliens* (1969) d'Henri Verneuil, *L'Aventure, c'est l'aventure* (1972) de Claude Lelouch, *La Gifle* (1975) de Claude Pinoteau, *Les Misérables* (1983) de Robert Hossein, etc. A créé l'association Perce-Neige, en faveur des handicapés mentaux.

soit le scénario, il serait, devant les caméras, dispensé d'embrasser ses partenaires féminines sur la bouche. Et sans que l'on eût jamais su si cette clause, rarissime dans le milieu artistique, s'expliquait par l'appréhension d'une contagion labiale, par la jalousie de son épouse ou par le désir de ne pas tromper le public en feignant une passion amoureuse qu'il n'éprouvait pas.

Un enfant handicapé avait assombri son existence. La fondation créée pour aider les parents en proie aux angoisses et aux problèmes inhérents à cette situation lui a heureusement survécu.

Gérard de Villiers[1]

Lorsqu'il se produisait un événement autour de la famille impériale, la presse française était toujours bien représentée. Qu'il s'agisse d'un mariage, d'une naissance ou d'un enterrement par Gérard de Villiers pour *France Dimanche* et de votre serviteur pour *Le Figaro*. Avant l'invention des nouvelles technologies, nous étions contraints – après des heures d'attente – de téléphoner chaque jour nos articles respectifs. Le futur père de *SAS* disposait d'informations glanées sur l'oreiller, car il avait réussi à séduire la redoutable sœur du shah surnommée « la Panthère » en raison de ses coups de griffes.

Un soir, il revint de la cabine téléphonique quelques minutes seulement après avoir obtenu la communication :

— Ils m'ont conseillé de ne pas me fatiguer à leur envoyer des papiers. Le rédacteur en chef m'a même dit : « Sur place, vous risquez d'être influencé par la

1. **Gérard de Villiers** (1929-2013). Écrivain, journaliste et éditeur français. Célèbre pour avoir écrit la série de romans d'espionnage *SAS*, avec un héros récurrent : le prince Malko Linge (150 millions d'exemplaires vendus de 1965 à 2013), en phase avec l'actualité géopolitique de l'époque.

réalité. Nous préférons broder à votre place depuis Paris. »

Gérard a connu beaucoup de succès et, sur la fin de sa vie, encore plus de malheurs. Nous avons fait ensemble d'interminables parties de cartes, jusqu'à ce qu'un jour où je l'avais invité chez moi il ne dise pas bonjour aux domestiques, il envoie un coup de pied au chien et apostrophe ainsi un copain nommé Levy, que je venais de lui présenter :

– Alors, vous n'êtes pas restés tous à Auschwitz ?

Je ne l'ai jamais revu.

Louise de Vilmorin[1]

Elle aimait les chats, la poésie, les mondanités et André Malraux. Ayant pris ses distances avec la graineterie familiale, elle bénéficiait grâce à ses livres d'une notoriété telle qu'elle pouvait se passer de patronyme. Quand on disait « Mme de », tout le monde savait qu'il s'agissait d'elle. Après quelques interviews prolongées par des conversations qu'elle émaillait de réflexions drolatiques (« Bientôt, il n'y aura plus que les prêtres pour se marier et, de préférence, entre eux »), elle m'avait fait don d'un bracelet qu'elle avait tressé avec une laine porte-bonheur et que j'ai porté longtemps à mon poignet.

Sa vie pouvait se résumer à travers une succession de tableaux d'époque : naissance dans un château, fiançailles avec Antoine de Saint-Exupéry[2] qui ne l'avaient

1. **Louise de Vilmorin** (1902-1969). Romancière poétesse, comédienne, scénariste et dialoguiste française. Surnommée « Loulou » ou « Mme de », en référence à son roman à succès (1951) adapté au cinéma. A écrit le scénario des *Amants* (1957) de Louis Malle et entretenu une vaste correspondance avec Jean Cocteau. Figure du Tout-Paris. A eu une longue liaison avec André Malraux.

2. **Antoine de Saint-Exupéry** (1900-1944). Écrivain, aviateur et journaliste français. Auteur de romans à succès : *Vol de nuit* (1931), *Terre des hommes*

pas empêchée d'épouser un riche Américain, amitié avec Coco Chanel, familiarité avec le prince Sadruddin Aga Khan[1]. Si elle avait vécu dix ans de plus, sans doute aurait-elle été la première femme élue à l'Académie française.

(1939) et surtout *Le Petit Prince* (1943). Pilote de l'Aéropostale. Reporter pour *Paris-Soir*. A disparu en mer lors d'une mission aérienne, en 1944. Reconnu « mort pour la France ».

1. Prince **Sadruddin Aga Khan** (1933-2003). Diplomate et haut fonctionnaire franco-suisse, fils d'Aga Khan III, chef spirituel des ismaéliens. Haut-Commissaire des Nations unies pour les réfugiés (1965-1977). Créateur, en 1977, de la Fondation Bellerive, vouée à la protection de la nature.

Jean Yanne[1]

Il a été l'humoriste que j'ai le plus admiré. Nous avions suivi les mêmes cours de journalisme au Centre de formation des journalistes avant qu'il se lance dans le show-biz. Il avait porté toutes les casquettes du spectacle avec un égal bonheur. Ainsi avait-il reçu le Grand Prix d'interprétation au Festival de Cannes, bien qu'il refusât de se considérer comme un acteur. Réalisateur, il avait signé des longs-métrages qui paraissaient très courts tant ils suscitaient l'hilarité. Il racontait la Bible, l'histoire de France, la vie quotidienne à sa manière. *Deux Heures moins le quart avant Jésus-Christ* et *Tout le monde il est beau, tout le monde il est gentil* furent des triomphes. Pour tourner *Les Chinois à Paris*, il avait dirigé des centaines

1. **Jean Yanne** (1933-2008). Comédien, humoriste, journaliste, chansonnier, animateur, écrivain, producteur et réalisateur français. A tourné pour Jean-Luc Godard (*Week-end*, 1967), Claude Chabrol (*Que la bête meure* et *Le Boucher*, tous deux en 1969), Yves Boisset (*Le Saut de l'ange*, 1971), Maurice Pialat (*Nous ne vieillirons pas ensemble*, 1971), et réalisé *Tout le monde il est beau, tout le monde il est gentil* (1972) ou *Deux heures moins le quart avant Jésus-Christ*, un des grands succès de l'année 1982... Célèbre pour son esprit caustique. Un des sociétaires des « Grosses Têtes ».

de figurants. Rien ne lui faisait peur. Et surtout pas le pouvoir en place, qu'il brocardait à l'aide de boutades qui, le soir même, faisaient le tour de Paris. En plus d'un cerveau particulièrement inventif, la nature lui avait offert une toison pileuse si fournie qu'elle lui avait valu, un été sur une plage à Saint-Tropez, le titre de « M. Angora ».

Sur scène, il décollait lentement comme un avion gros-porteur, avant de survoler une civilisation qu'il estimait ringarde et terre à terre. Sur tous les sujets, il trouvait un angle drolatique auquel personne n'avait songé avant lui. Par exemple, lorsqu'on avait commencé à fustiger les propos racistes, il avait prédit :

– Bientôt, on ne pourra plus dire « Monténégro », mais « Après vous, monsieur l'ambassadeur » !

Léon Zitrone[1]

Il aura été le plus ébouriffant, le plus polyvalent, le plus tonitruant de tous les confrères. Ancien avocat dont on disait qu'il avait abandonné le barreau après une épreuve hippique truquée, il était devenu rapidement la vedette numero un de « la une ». Un passé sans concurrence qu'il évoquait avec un trémolo dans la voix :

– Comme j'officiais sur l'unique chaîne, ou bien on me regardait ou bien on allait se coucher.

En dehors des hippodromes où il était retourné en commentateur plus qu'en turfiste, « Big Léon » était capable d'intervenir à propos d'une conférence internationale, d'un championnat de patinage artistique, d'un voyage officiel, d'un fait divers s'il le jugeait assez important. Parlant couramment cinq langues dont le russe, il embrassait Leonid Brejnev sur la bouche et

1. **Léon Zitrone** (1914-1995). Journaliste et animateur français. Présentateur du journal télévisé de 1959 à 1975, commentateur en direct de grands événements télévisés et animateur de jeux (« Intervilles », « Jeux sans frontières », etc.). Il a longtemps été l'un des invités de référence aux « Grosses Têtes ».

impressionnait le général de Gaulle qui, après l'avoir croisé dans un couloir de l'Élysée, avait dit en préambule avant d'ouvrir le Conseil des ministres :

– Je viens de voir Léon Zitrone. Je crois qu'il m'a reconnu...

Pour parfaire son art d'enterrer les grands de ce monde, mais aussi parce que la promiscuité des défunts faisait faire des économies de loyer aux vivants, Zitrone avait fait emplette d'un appartement dont les fenêtres s'ouvraient sur un cimetière. Pleurant toujours misère, alors qu'il multipliait les collaborations, il se montrait très pingre. Lorsqu'il m'invitait à déjeuner, il réglait l'addition avec des Tickets-Restaurant sans jamais laisser un centime de pourboire. Sûr de lui et convaincu d'être le meilleur, il ne redoutait qu'une seule personne : Laura, sa femme, surnommée « Pic à glace » en raison de l'importance de son appendice nasal. Une atteinte à l'harmonie de son visage qu'avait fait disparaître une intervention chirurgicale financée par les lecteurs d'un magazine à scandale.

III

UNE VIE PLUS PROFESSIONNELLE QUE PRIVÉE

Un doigt dans chaque tarte

Je ne savais rien refuser. Si on me l'avait proposé, j'aurais accepté d'être funambule à cent mètres du sol, alors que je ne pouvais monter sur une chaise sans vertige, ou de remplacer le chef de l'État le temps d'un intérim.

Mon enfance et mon adolescence ont été minimalistes : petit Bouvard durant la première ; petits boulots pendant la seconde. À 13 ans, je me suis fait de l'argent de poche en revendant au petit kiosquier de l'avenue Trudaine les biscuits caseinés distribués par le Maréchal et rachetés pour une bouchée de pain à mes condisciples. J'ai vendu à la criée et par abonnement *Decour Éclair*, le journal de mon lycée. En gardant l'argent pour me payer des tours d'autotamponneuse. Après dénonciation de ma malhonnêteté, mon père a dû rembourser.

Pour commencer, j'ai commercialisé des encyclopédies britanniques en vingt-quatre volumes payables en dix-huit mois à des analphabètes auxquels je faisais croire qu'à l'aide d'une telle emplette ils deviendraient soudainement cultivés. J'ai appris à lire à des enfants qu'on disait « retardés », car l'autisme n'existait pas. Des gosses très intelligents et qu'il fallait seulement motiver.

J'ai été le troisième secrétaire d'un décorateur à la mode, homo, installé rue du Petit-Musc (ça ne s'invente pas). Je signalais mes goûts dépravés pour le sexe opposé par le port ostensible de bretelles.

J'ai essayé en vain de vendre des lunettes de soleil chez les Frères Lissac durant un été où il n'a cessé de pleuvoir. J'ai donc eu tout le temps d'observer une mini-société avec ses petits chefs dictatoriaux, ses commerciaux tire-au-flanc, ses mauvaises langues et ses calomniateurs. Sans oublier une jalousie fonctionnant comme l'ascenseur. C'est-à-dire à tous les étages.

Un autre été, je n'ai pas quitté davantage Paris. Je suis resté auprès du téléphone afin de remplacer un courtier en engrais. Durant deux mois, j'ai donc vanté à des acheteurs potentiels que je ne connaissais pas les vertus de produits dont je n'avais jamais entendu parler. Et, sans doute, des pesticides cloués désormais au pilori. Pour ce faire, on m'avait recommandé de prendre un accent du terroir et de prétexter une mauvaise transmission des questions, si ces dernières m'embarrassaient trop. J'avais également pour mission de bavarder avec mes interlocuteurs. De tout et de rien. De la santé des animaux de la ferme, des prochaines récoltes de céréales, des travaux forcés agricoles, de la météo détraquée, du fisc trop gourmand, mais aussi des problèmes personnels des uns et des autres. Il faut croire que je ne m'en suis pas trop mal tiré, puisque mon chiffre d'affaires a été jugé assez satisfaisant pour qu'on m'octroie une prime en plus du salaire convenu.

Depuis cette époque, je ne longe pas un champ de maïs, une plantation d'avoine et la plus modeste parcelle cultivable sans avoir une pensée pour les efforts, les espoirs, les déconvenues de la paysannerie française.

L'hiver suivant, je fus stagiaire pendant quelques semaines dans l'émission « Paris-Club », que présentaient quotidiennement Roger Féral (frère de Pierre Lazareff) et Jacques Chabannes (mari de la comédienne Luce Ferrer dite « le Pubis de Chabannes »). J'étais plus spécialement chargé de placer dans les poches de veston des animateurs les programmes, prospectus et dépliants sur les en-têtes desquels la caméra s'attardait, afin de faire de la publicité clandestine aux amis des deux compères. Je suppose qu'ensuite ils bénéficiaient de tarifs très préférentiels dans les hôtels et les restaurants. La cheville ouvrière de l'émission se nommait Jacques Angelvin. C'était un rouquin sympathique et débrouillard, fiancé à une strip-teaseuse du Crazy Horse Saloon. À la longue, il aurait sans doute obtenu d'apparaître davantage sur les petits écrans si, prenant ses vacances aux États-Unis, il n'avait pas fait embarquer avec lui, dans la soute du paquebot, une Buick dans les ailes de laquelle des douaniers méfiants dénichèrent des sachets de drogue. Ce qui lui valut de connaître la paille sèche des cachots américains quarante ans avant « DSK ».

Par la suite, et cette fois pour des motifs de reportages publiés dans les colonnes du *Figaro*, je me suis fait engager comme serveur dans un hôtel breton. J'ai appris moins à acheminer les plats de la cuisine à la salle à manger qu'à juger les clients en quelques minutes sur leur mine et sur leurs conversations. Parallèlement, j'ai découvert l'animosité – parfois la haine – de ceux qui servent à l'égard de ceux qui sont servis. Redevenu un convive lambda, je ne me suis plus jamais attablé dans un restaurant sans imaginer les verdicts impitoyables du maître d'hôtel, du sommelier et des petits commis.

Toujours pour les besoins de la rubrique des « Choses vues », j'ai été croupier à la table de roulette d'un casino monégasque. L'enfer. Je ne soupçonnais pas qu'une dizaine de joueurs passent simultanément leurs ordres ni qu'autant de perdants puissent réclamer le paiement de numéros qu'ils n'avaient pas joués. Un métier très voisin d'infirmier dans un asile de fous et dont je comprends qu'on l'exerce rarement plus de deux heures d'affilée.

Mes débuts à la télévision ont eu lieu dans les coulisses. D'abord, en qualité de cinquième assistant de Jean Nohain[1] pour « 36 chandelles », le grand divertissement auquel il conviait les célébrités en les masquant, afin qu'on ne puisse plus les reconnaître. Trente ans avant que Jacques Martin prenne le relais, il avait imaginé de dialoguer – de façon gentille et souvent

1. **Jean Nohain** (1900-1981). Avocat, journaliste, animateur, parolier et écrivain français. Un des pionniers de la télévision, inventeur de jeux radio, créateur et animateur de l'émission de variétés hebdomadaire « 36 chandelles », extrêmement populaire dans les années 1950. Réputé pour sa bonhomie. A participé à la libération de Paris, en 1944, au sein de la 2e division blindée du général Leclerc.

drolatique – avec des enfants. Toujours à l'intention de ces derniers, il publiait des albums sous le nom de « Jaboune ». Nohain, aidé par André Leclerc[1], évoluait entre studios et champs de courses. Il écrivait des paroles de chansons. Il signa avec Mireille[2] le fameux « Couchés dans le foin ». Il fut, de surcroît, le parrain de ma fille aînée.

---

1. **André Leclerc** (mort en 1972). Auteur, producteur et présentateur français. A coprésenté l'émission « 36 chandelles » (1952-1958) avec Jean Nohain.

2. **Mireille** (1906-1996). Chanteuse, compositrice et comédienne française. A composé plus de six cents chansons, interprétées, entre autres, par Maurice Chevalier ou Jean Sablon. Fondatrice du Petit Conservatoire de la chanson, médiatisé par une émission de radio, puis de télévision (1960-1974). Épouse de l'écrivain Emmanuel Berl. Résistante.

L'émission la plus écoutée

Du latin que j'avais mollement étudié au lycée, il ne me restait pas grand-chose, sinon la tendance à décliner sous toutes les formes le succès quand il se présentait. À l'origine un triomphe radiophonique, « Les Grosses Têtes » étaient devenues une émission du petit écran mobilisant plus de treize millions de fidèles, des disques, des vidéos, une demi-douzaine de bouquins, des cahiers de textes et surtout des galas.

Une fois par mois, en compagnie d'une fine équipe composée de Jacques Martin, de Gérard Jugnot, de Léon Zitrone, de Philippe Castelli[1] et, bien sûr, de Sim[2], je

1. **Philippe Castelli** (1925-2006). Comédien français, spécialiste des rôles de maître d'hôtel, de valet, de portier ou de garçon de café. A travaillé avec Jean Renoir, Claude Chabrol, Georges Lautner, Philippe de Broca, Édouard Molinaro, Jean-Pierre Mocky, Jacques Deray, Jean Girault, Jean-Claude Brialy, Claude Zidi, Michel Audiard, Jean-Paul Rappeneau, etc. Sociétaire des « Grosses Têtes » à partir de 1982.

2. Simon Berryer, dit « **Sim** » (1926-2009). Comédien, humoriste, chanteur, parolier scénariste, chef-opérateur et animateur français. Figure du cinéma et de la télévision. A tourné pour Philippe de Broca, Michel Audiard, Jean-Paul Rappeneau, Jean-Pierre Mocky, Gérard Jugnot, Federico Fellini, Claude Zidi, etc. Célèbre pour ses parodies, son personnage de la « baronne de La

partais à la conquête du public de province. Un déplacement qui nous était doublement imposé. D'abord, par l'attente des « décentralisés » ; ensuite, par la nécessité de changer de diocèse, car nous n'aurions jamais osé nous produire à Paris de façon aussi délirante. Nous débarquions dans la ville choisie deux heures avant le spectacle. Le temps de vérifier l'efficacité de la sonorisation et de prendre une douche avant une légère collation. De ma chambre d'hôtel jouxtant le chapiteau géant sous lequel nous allions nous éclater, j'observais l'arrivée des cinq mille contemporains qui allaient nous permettre de batifoler à bureaux fermés.

À l'heure dite, précédés par le générique de l'émission, nous faisions notre entrée sur scène. La première partie était assez classique et alternait chansons pas toujours convenables, monologues hilarants, histoires grivoises et improvisations débridées. Je payais de ma personne en participant à une parodie de « L'École des fans ». Je tentais d'imiter Jacques Martin, tandis que Sim tenait le rôle de la petite fille amenée par ses parents.

Un jour, qui n'est pas près de sortir de ma mémoire, je trébuchai dans le tapis de scène et m'écroulai de tout un long assez court. En moins de trois secondes, la fausse gamine entreprit de me chevaucher en balayant mon visage avec ses fausses tresses. Partagé entre fou rire et colère froide, je tentais vainement de me relever.

Tronche en Biais » et d'Agecanonix dans deux adaptations cinématographiques d'*Astérix*. Sociétaire des « Grosses Têtes » dès sa création, en 1977.

Pour convaincre Sim d'arrêter son manège, je ne trouvai qu'un argument aussi inattendu que dérisoire :

– N'oubliez pas, Sim, que je suis directeur de *France-Soir* !

Après l'entracte, nous passions de la fantaisie à la folie. Me saisissant du micro, j'informais l'auditoire, sans cacher mon chagrin, que Philippe Castelli venait d'avoir un grave malaise. Je précisais que sa mauvaise haleine avait découragé le bouche-à-bouche du pompier de service et qu'il avait rendu à Dieu une âme plus pure que ses propos ne le laissaient penser. J'ajoutais que nous allions profiter de la présence de Léon Zitrone, dont la devise était « Mourez, je ferai le reste », et d'un chapiteau aux dimensions de cathédrale pour rendre à notre ami un dernier hommage.

Sur fond de grandes orgues, le cortège funèbre s'avançait : Castelli, écroulé dans un Caddie poussé par Sim travesti en veuve éplorée ; Jugnot et votre serviteur fermant la marche avec des cierges allumés. Il revenait à Zitrone de prononcer l'éloge du disparu, comme il l'avait fait de nombreuses fois dans la réalité. La cérémonie s'achevait par un intermède qui mettait la salle en joie : Sim buvant le champagne dans l'une des chaussures retirées au défunt !

Fabricant de futures vedettes

Le théâtre auquel j'avais immodestement donné mon nom m'a offert à la fois l'une de mes plus grandes réussites et le plus misérable de mes cachets. La deuxième chaîne, sur laquelle je sévissais depuis que Pierre Sabbagh[1] m'y avait entraîné lorsqu'il avait quitté « la une », cherchait une émission grand public pour meubler son « access prime time ». Ses dirigeants avaient d'abord refusé mon projet, avec un argument massue :

– On ne peut pas, à cette heure-là, programmer des comédiens que personne ne connaît !

À quoi j'avais objecté que, si se vérifiait ma théorie selon laquelle ce qui me faisait rire ferait rire les Français, mes jeunes recrues n'attendraient pas un mois pour devenir des vedettes.

1. **Pierre Sabbagh** (1918-1994). Journaliste, réalisateur, producteur, animateur et directeur de chaînes de télévision français. Inventeur et présentateur du premier journal télévisé français (1949). Créateur de l'émission « Au théâtre ce soir » et du premier grand jeu audiovisuel « L'Homme du XXe siècle ». Directeur général de la deuxième chaîne couleur de l'ORTF (1971-1974). Époux de la présentatrice de télévision Catherine Langeais.

Le pronostic se révéla valable. Régis Laspalès n'était pas à l'antenne depuis quinze jours que les imitateurs le caricaturaient déjà. J'avais eu un peu plus de peine à imposer Mimie Mathy à laquelle j'avais trouvé, dès sa première audition, un talent si prometteur que j'avais diffusé son sketch le soir même. Le lendemain, le responsable des variétés, dont personne n'est plus capable de citer le nom, alors que celui de ma petite protégée est sur toutes les lèvres, m'avait sévèrement tancé avec une remarque dépassant les bornes du mauvais goût :

– Il ne faut pas confondre chaîne publique et Foire du Trône.

Ma fierté d'avoir donné sa chance à l'éternelle gamine qui devait très rapidement décrocher le titre enviable de « vedette préférée des Français » n'en avait été que plus grande. J'ai revu souvent Mimie. Elle s'est mariée de façon rocambolesque avec un très grand garçon qu'elle avait fait monter sur scène alors qu'il assistait à l'un de ses spectacles. Ensemble, ils ont ouvert un restaurant. Hélas ! il y a eu surtout des convives le jour de l'inauguration, où les repas étaient gratuits.

Dans son sillage s'étaient engouffrées d'autres futures stars, telles que Muriel Robin, Michèle Bernier, Smaïn[1]

1. **Smaïn** (né en 1958). Comédien, humoriste et réalisateur français. Longue carrière au café-théâtre dans les années 1980, puis star du one-man-show dans les années 1990. A tourné dans *Les Frères Pétard* (1986) de Hervé Palud, *Trois vies et une seule mort* (1995) de Raoul Ruiz, *Charité biz'ness* (1998) de Thierry Barthes, *Le Schpountz* (1999) de Gérard Oury, la série « Frères d'armes » (2014-2015) de Rachid Bouchareb, etc. A réalisé *Les Deux Papas et la Maman* (1996) avec Jean-Marc Longval.

et Didier Bénureau[1]. Le succès avait été si fulgurant que j'avais dû diviser ceux que j'appelais « mes neveux » en trois équipes. Par roulement, elles assuraient la quotidienne du petit écran, un spectacle dans un théâtre parisien et une grande tournée en province. Chaque soir, nous obtenions plus de 50 % d'audience et le journal qui suivait n'avait jamais été plus regardé. Cette formidable aventure a duré près de trois ans. Trois ans de bonheur. Trois ans durant lesquels j'ai fait rimer hilarité et amitié.

Au total, j'ai dû chaperonner une centaine de débutants. Quatre-vingts ont ensuite très bien vécu de leur métier. Une vingtaine ont vu leur nom s'afficher en lettres de feu au fronton des théâtres et des music-halls.

Par deux fois, j'ai éliminé des acteurs qui ont fait carrière. Je trouvais Bigard vulgaire et Dany Boon pas drôle. Leur succès ne m'a pas fait changer d'avis.

Je n'ai pas conservé de contact avec tout le monde mais, de temps en temps, je reçois le coup de fil d'anciens pensionnaires qui ne m'en veulent pas de les avoir fait travailler à leur début.

---

1. **Didier Bénureau** (né en 1956). Comédien et humoriste français. A fait ses débuts au « Petit Théâtre de Bouvard » (1982-1985). A joué pour Bertand Blier, Diane Kurys, Luigi Comencini, Jean-Marie Poiré, Claude Miller, Valérie Lemercier, Bigas Luna, Claude Chabrol, Jean-Michel Ribes, etc. Chroniqueur sur France Inter.

Dans le fauteuil de « Pierrot les Bretelles »

Sur mon long parcours, j'ai marqué d'une pierre blanche le jour où j'ai pris la direction de la rédaction de *France-Soir*. À l'époque, le quotidien se déclinait en sept éditions et tirait à 500 000 exemplaires. Il employait deux cents journalistes et correspondants, auxquels s'ajoutaient les ouvriers du livre, les administratifs et les commerciaux.

Ce matin-là, la grande salle de réunion était bondée. Je fais un petit discours à la fois cordial et ferme, avant de renvoyer tout le monde au boulot. Mes initiatives inaugurales prévoyaient qu'un petit déjeuner avec croissants chauds accompagnerait la première séance de travail de la journée, et que, dans la petite salle à manger directoriale flanquée d'une belle cuisine, je partagerais le repas de midi avec un annonceur important à qui je ferais ensuite visiter le journal, et que nous lancerions six nouveautés par semaine. Promesses tenues : jamais autant de collaborateurs n'avaient assisté à la rencontre matinale, nos clients se sont mis à cracher davantage au bassinet de la publicité. En revanche, j'ai baissé les bras pour l'amélioration de l'ordinaire, car les syndicalistes m'ont objecté que la cantine relevait de leurs compétences. Sur le plan rédactionnel, le succès m'a décidé à pérenniser certaines rubriques.

Deux adjoints et trois secrétaires m'aidaient dans ma tâche. Non seulement je décidais du sommaire et des titres, mais je relisais les principaux articles. Je recevais également les magistrats ou hauts fonctionnaires au terme des stages qu'ils avaient suivis chez nous.

Ainsi ai-je vu s'asseoir en face de moi « le Petit Juge » Lambert, celui-là même qui, quelques mois plus tard, devait traiter malencontreusement l'assassinat du petit Grégory. À la fin de notre entretien, comme je lui demandais quelle était son ambition, il me répondit tout à trac : « Je souhaite devenir riche et célèbre ! » Je n'ai soufflé mot de cet aveu incongru que le jour où, en se suicidant, Lambert est devenu la troisième victime du dossier qu'il avait si mal instruit.

Le président de *France-Soir* était le fils de Robert Hersant. Jacques avait du charme, de l'intelligence, une haute taille mais, pour oublier l'omnipotence paternelle, il buvait plus que de raison. Trois fois par semaine, nous allions déjeuner en tête à tête dans un bistrot de la rue des Petits-Carreaux. Au retour, Jacques assurait son équilibre en prenant appui sur mon épaule. Ainsi tanguais-je avec lui sur le chemin qui nous ramenait au journal.

Elles furent les ordonnatrices de mon ordinateur...

Je n'ai pas connu de secrétaire d'État mais j'ai eu un tas de secrétaires auxquelles je dois beaucoup plus qu'elles ne m'ont coûté puisqu'elles étaient à la charge de mes employeurs.

Les premières – qui ne travaillaient pas qu'avec moi – ont été les sténographes de presse du *Figaro*. Par téléphone, je leur dictais mes reportages, sachant qu'elles corrigeraient des textes parfois bâclés ou peu audibles et qu'elles me signaleraient mes fautes de français. Elles avaient des voix charmantes mais j'ignorais leur physique ne les ayant jamais vues, car, à l'époque, je parcourais le monde tandis qu'elles étaient rivées à leur galère parisienne.

Ma première secrétaire personnelle était très ronde. Je l'avais surnommée « Sphéroïde » sans qu'elle comprît pourquoi. Dans ses places précédentes, elle avait pris des habitudes qui me gênaient un peu. Par exemple, elle ne venait pas le lundi soit parce qu'elle avait mal digéré son repas du dimanche soir, soit parce qu'une fuite dans sa cuisine ou dans sa salle de bains la contraignait à attendre le plombier. Si l'on ajoute qu'elle perdait sa grand-mère deux fois par an, on comprend que je n'obtenais pas d'elle tous les services souhaités.

Je gratifiais du titre d'« épouse morganatique » les plus efficaces compte tenu du temps que nous passions ensemble et du fait que je n'avais pas de secret pour elles. De Ghislaine à Jennifer, en passant par Christine qui, pendant vingt et un ans, m'aura prodigué plus de remarques que je ne lui en ai faites, se sont succédé des brunes qui avaient du caractère, des blondes qui étaient davantage grâce à leur coiffeur des rousses dynamiques, mais pas de chauve depuis que la cantatrice de Ionesco a cessé d'apparaître sur les scènes de théâtre, des collets montés et des minijupées, des séductrices capiteuses et des retraitées de la bagatelle, des croyantes et des agnostiques pour lesquelles j'incarnais le bon Dieu.

Elles n'ignoraient pas plus mes dépenses que mes revenus et me chapitraient gentiment lorsque les premières dépassaient par trop les seconds :

– Les tapis verts vous mettront bientôt dans le rouge à la banque.

– Vos voitures vous coûtent trop cher.

– N'oubliez pas de mettre un peu d'argent de côté pour payer vos prochains impôts.

Les plus économes me signalaient les promotions, m'obtenaient des tarifs préférentiels et excipaient de ma position médiatique pour me faire bénéficier de rabais. Elles me rappelaient tantôt que je n'avais pas réglé une facture, tantôt qu'un de mes cachets avait pris du retard.

Quand j'étais fatigué, elles fermaient après le déjeuner les portes et les rideaux de mon bureau afin que je fasse une petite sieste. Étais-je souffrant ? Elles allaient chez le pharmacien chercher des médicaments et me prenaient autoritairement un rendez-vous chez un médecin. Lorsque, vraiment égrotant, j'œuvrais chez moi et qu'elles me voyaient en pyjama et pas rasé, elles ne menaçaient pas de se plaindre à leur syndicat.

Avec, de surcroît, la mission de paraître prêter une oreille attentive à mes états d'âme et à mes idées fixes.

Mais le plus ardu résidait sans doute dans la tâche de décrypter mes pattes de mouche tracées nerveusement sur les supports les plus inattendus. L'épreuve de la longue dictée était la plus exigeante. Surtout lorsque, pressé par la commande d'un éditeur, je décidais de faire un bouquin en trois jours. Je ne leur laissais guère le temps de souffler tandis que je les faisais passer du Wikipédia au Littré pour chercher un synonyme.

En précisant depuis combien d'années nous faisons équipe, je rendais hommage à une patience expliquant leur fidélité. Certaines étaient célibataires, d'autres mariées ou pacsées avec un compagnon, quelques-unes avouaient des vies privées si complexes que je m'y perdais un peu. Durant de petits entractes, nous échangions nos espoirs, nos joies et nos peines. J'étais au courant le premier – mais pas le dernier – de leur séparation, de leur divorce ainsi que de la rencontre d'un nouvel homme de leur vie.

Elles établissaient mon emploi du temps, sans surveiller mes fréquentations ; elles me rappelaient les engagements, les promesses et les anniversaires ; après avoir réservé une table dans les bons restaurants, elles s'inquiétaient de ma surcharge pondérale. Elles ouvraient mon courrier et répondaient aux missives de reproches ou de félicitations. Avec deux types de conclusion : « Je vous embrasse » pour les correspondants aimables et « Veuillez croire à mon manque total de considération » pour les autres.

Elles connaissaient non seulement le nom de tous mes amis mais également l'identité des contemporains auxquels elles devaient répondre, à quelques centimètres de moi, que j'étais absent de Paris.

Infirme linguistique, allergique à l'informatique, j'étais perdu sans elles. Seul, j'aurais été bien incapable d'obtenir une place d'avion, un siège de train ou une nuit d'hôtel. Elles n'avaient pas leur pareil pour dénicher sur internet le curriculum vitae de mes interlocuteurs, le nom d'une bourgade improbable du Burkina Faso, une affaire de mœurs vieille de plusieurs décennies, une citation littéraire ou le nom propre tardant à me revenir en mémoire.

Parallèlement, elles devaient supporter mes impatiences, quelques sautes d'humeur et une boulimie de collaborations pas toujours conciliables avec la durée légale du travail. En contrepartie, j'acceptais leurs suggestions, leurs conseils et même leurs critiques concernant mes engouements ou mes détestations. Les plus féministes me mettaient en garde contre les dérives du machisme. Les plus politisées me reprochaient gentiment d'être trop à droite ou trop à gauche. Les plus libérées facilitaient mes escapades. Les plus coincées me rappelaient que j'avais une famille. Les plus diplômées écoutaient avec amusement les leçons de français d'un certifié d'études primaires. Les moins lettrées faisaient presque une faute par mot, m'obligeant à épeler tous mes propos.

En fait, mes relations avec mes « assistantes », comme elles s'intitulaient volontiers, se divisent en deux grandes époques.

D'abord, la période des machines à écrire qui crépitaient dans les bureaux comme une pluie d'orage sur un toit. Ensuite, l'ère de l'ordinateur admettant deux catégories : PC et Mac. Enfin, il fallait distinguer entre les championnes langées dès leur plus jeune âge avec la Toile et les anciennes dactylographes reconverties dans les nouvelles technologies. Les premières multipliaient les performances ; les secondes tâtonnaient plus ou moins. J'admirais les unes et les autres, n'étant jamais parvenu qu'à taper avec un seul doigt sur les touches d'une antique Remington.

Bref, s'il fallait différencier le journaliste de la secrétaire, je dirais que le forçat de l'info en dit plus qu'il n'en sait et que la tâcheronne de l'assistanat ne dit rien.

Usufruitiers de mon volant, ils n'ignoraient rien de ma conduite

Sans doute parce que, avant l'obligation de boucler sa ceinture, j'étais plus attaché au genre humain qu'aux automobiles, j'ai eu moins de chauffeurs que de voitures. Tous très différents : le snob qui lisait ostensiblement la notice (en anglais) des Rolls-Royce en m'attendant ; le maladroit qui ne pouvait aller faire le plein sans revenir avec une éraflure ou pire ; l'indiscret qui notait l'identité de mes passagers et le thème de nos conversations ; le débrouillard qui, tandis que j'œuvrais dans mon bureau, faisait visiter ma limousine-bureau moyennant une petite redevance ; le protecteur qui, s'érigeant en garde du corps, était toujours armé lorsqu'il m'accompagnait ; l'inexact que, contrairement à l'usage, je devais attendre plus souvent qu'il ne m'attendait ; le ponctuel, ancien agrégé de mathématiques qui, en vingt-cinq ans, n'a jamais eu un retard ni un accident.

Certains étaient prolixes, d'autres très bavards. Avec chacun, j'ai formé un couple plus ou moins harmonieux mais sans ménager ma confiance puisque je leur avais abandonné le maniement de mon volant.

Pas de quoi être fier...

Mes trois échecs au bac n'ont pas été mes seuls fiascos. Par trois nouvelles fois au moins, je me suis vu opposer des fins de non-recevoir à des ambitions que je croyais légitimes. Pour les besoins d'une enquête sur les contemporains les plus intelligents, j'étais entré en contact avec le président de la Mensa, association regroupant les plus forts QI de France. Un homme charmant et modeste puisque, malgré ses capacités exceptionnelles, ne cédant pas à la tentation de se pousser du col, il avait accepté un poste de vendeur dans une chemiserie. Au cours de la conversation qui avait succédé à l'interview, il m'avait estimé assez vif d'esprit pour faire partie de sa prestigieuse phalange. Il me demandait seulement de passer un examen dont il ne doutait pas qu'il attesterait la supériorité de ma matière grise. Je répondis de mon mieux à des questions ne cachant aucun piège. Puis j'ai rédigé de surcroît avec tout mon cœur et ma plus belle plume un pensum développant le plaisir et la fierté que j'éprouverais à rejoindre un club si épargné par la bêtise générale. Las ! le président-chemisier me téléphona quelques jours plus tard. Son ton était triste et embarrassé. Son conseil d'administration avait examiné plusieurs fois ma copie. Le verdict avait été unanime. J'avais à peu près le QI d'une moule marinière. On me renvoyait donc à des études que j'avais eu grand tort de ne pas poursuivre plus longtemps.

Candidat aux municipales du Vésinet où je résidais alors, je n'ai eu pas plus de chance. Ma campagne avait pourtant été très réussie. En compagnie de quelques camarades de liste, j'avais écumé les villas de la plus luxueuse des cités-dortoirs. Avant d'exposer notre programme, nous avions baisé la main potelée et baguée des hôtesses, bu une tasse d'un thé parfumé et croqué de succulents petits fours. Nous promettions, si nous étions élus, la démoustication des petits lacs, des arrêts ferroviaires plus fréquents dans les deux gares locales et un beau feu d'artifice pour le 14-Juillet. Le dépouillement nous consterna : 3 % de votes seulement en notre faveur ! Ma petite famille me consola en remarquant que mes obligations professionnelles ne m'auraient guère laissé le temps de participer à des conseils municipaux s'étirant parfois durant plusieurs heures. Il n'empêche que, depuis ce jour-là, je considère avec davantage de respect les notables investis de la confiance de leurs concitoyens.

L'échec le plus cuisant ne s'accompagna d'aucune candidature. Il s'agissait, cette fois, d'un siège à l'Académie française. Sans doute aveuglés par leur amitié ou désirant s'amuser de ma déconvenue, plusieurs immortels – et non des moindres – m'avaient assuré qu'ils seraient heureux de m'avoir pour voisin sous la Coupole. Ils étaient persuadés que ma bonne connaissance de ma langue maternelle et les sortilèges de plume que je déployais au *Figaro* m'ouvriraient sans peine les portes du palais Mazarin.

Avec la bénédiction de Jean Dutourd, de Maurice Druon et de Henri Troyat[1], j'entrepris donc quelques démarches exploratoires. Interrogé sur mon avenir académique, Jean-François Revel[2], à côté duquel je déjeunais souvent le jeudi au « Club des Cent », demanda à réfléchir. Alain Decaux, pris d'un enrouement subit, me pria de le rappeler après sa grippe. Jean d'Ormesson fut plus franc qui éclatait de rire en me dépeignant le spectacle ridicule que j'offrirais en habit vert, bicorne sur la tête et épée au côté.

J'avais compris.

Je n'allai pas plus loin. J'ai assisté sinon à ma réception, au moins à celles de vieux copains. À un certain moment, je tutoyais la moitié des Quarante. Mais l'amitié ne suffit pas à remplacer le génie.

1. **Henri Troyat** (1911-2007). Écrivain et académicien français, d'origine russe. Auteur prolifique d'une centaine d'ouvrages, dont *Faux jour* (1935), *L'Araigne* (prix Goncourt, 1938), *Tant que la terre durera* (sept tomes, 1947-1950), *Les Semailles et les Moissons* (cinq tomes, 1953-1958), etc.

2. **Jean-François Revel** (1924-2006). Philosophe, journaliste et académicien français. Résistant. Un des principaux critiques français du marxisme. Auteur entre autres, de *La Tentation totalitaire* (1976), de *La Nouvelle Censure* (1977) ou du *Moine et le Philosophe* (1997), vendu à plus de 300 000 exemplaires et traduit en vingt et une langues. Éditorialiste pour Europe 1, RTL, chroniqueur au *Point*. Directeur de *L'Express* (1977-1981). Contributeur régulier de la revue *Commentaire*, fondée par Raymond Aron.

Je me méfie de la justice depuis que, en première instance, elle m'a condamné pour plagiat. J'avais fait jouer pendant un an avec un certain succès une comédie intitulée *Au plaisir, Madame !* dont la vedette était Alice Sapritch. Je m'étais inspiré d'un entrefilet paru dans la presse américaine signalant l'ouverture à New York d'une maison de tolérance ouverte aux dames et dont les pensionnaires étaient des messieurs. Or, ne voilà-t-il pas qu'un obscur retraité de la kinésithérapie, complètement inconnu au bataillon des auteurs dramatiques, m'accuse d'avoir écrit ma pièce après avoir consulté l'un de ses manuscrits (inédit et jamais joué) déposés à la SACD. Nul rapport avec mon œuvre personnelle. Mais il se trouve que, dans les deux cas, le personnage central se prénommait Germaine. Il n'en fallut pas plus pour que le président, qui passait pour détester les gens du *Figaro*, estime l'accusation fondée.

J'avais assisté à l'audience et entendu avec surprise l'avocat de la partie adverse brosser de mon indigne personne un portrait surprenant : j'étais milliardaire, je possédais un yacht, un Falcon, une écurie de courses et plusieurs châteaux. Le cher maître avait conclu que le tribunal saurait faire la différence entre un journaliste richissime et un pauvre retraité. Pendant qu'il parlait, je m'efforçais de faire comprendre aux magistrats, par des mimiques que j'estimais appropriées, que le costume dont on m'affublait était taillé dans un tissu de mensonges. Peine perdue. Jugement rendu sur le siège. Le lendemain, toute la presse donnait l'information faisant de moi un vilain copieur. Quelques mois après, j'étais blanchi en appel. Mais aucun journal n'en a parlé.

En présence du ministre de la Culture, je célèbre mon cinquantième anniversaire à l'Automobile Club, entouré de cinquante copains ou supposés tels. Le menu est soigné, l'ambiance cordiale. Je trempe exceptionnellement mes lèvres dans ce champagne auquel je trouve d'habitude une odeur de vinasse. Avant de partir, un membre du gouvernement me chuchote qu'il a inscrit mon nom pour la prochaine promotion de la Légion d'honneur. J'attendrai un quart de siècle pour être décoré, car j'ai laissé raconter par Vincent Perrot[1], dans la version télévisée des « Grosses Têtes », une histoire jugée moins drôle que raciste. Certes, j'avais pris là précaution de remarquer que la blague me semblait de mauvais goût. Un tribunal, ayant jugé la précaution insuffisante, m'a condamné à une petite amende et à l'ouverture d'un casier judiciaire.

Plus facile avait été l'élévation à la dignité de grand-croix d'Isabel la Catholique. La prétendante au trône du Portugal me l'avait accordée après un goûter où j'avais tenu très correctement ma tasse de thé.

1. **Vincent Perrot** (né en 1965). Journaliste et animateur français. A présenté « Disney Channel », « 40° à l'ombre », « L'Émission des records » sur France 3. Un des animateurs vedettes de RTL, où il anime depuis 1998 « Stop ou encore ». Sociétaire des « Grosses Têtes » de 1994 à 2014.

Je me croyais intouchable

Même lorsque je supportais mieux le soleil, je ne suis jamais resté longtemps sur le sable. On me confiait un remplacement d'une semaine et, dix ans après, j'étais toujours là, tellement incrusté qu'on avait quelque peine à me décoller.

J'ai cru longtemps que le succès protégeait les privilégiés qui l'ont obtenu. Je me trompais. Tout au plus permet-il de jouer les prolongations. Mais il peut hâter le terme d'une collaboration lorsque les patrons souhaitent « rajeunir les cadres ou faire plaisir à d'autres protégés ».

Mon départ du *Figaro* après vingt-deux ans d'avancements constants relevait de ma propre initiative. J'avais compris que *Le Figaro dimanche* que je préparais depuis plusieurs mois ne paraîtrait jamais. Le jour suivant, j'appelai Jean Méo, le patron de la FEP (France Édition et Publications) que j'avais rencontré dans un cocktail bien parisien. Court et fructueux dialogue :

– Je viens de démissionner du *Figaro*.

– Si vous acceptez de venir à *France-Soir*, je double vos émoluments.

J'ai démissionné de *France-Soir* vingt-trois ans plus tard, parce que le nouveau propriétaire imposait, pour relancer le quotidien, des mesures que je jugeais inadaptées.

J'ai dû partir de *Paris Match* après seize années de portraits hebdomadaires et de la télévision après avoir lancé une vingtaine d'émissions ayant bénéficié d'une belle audience.

« RTL non-stop » s'arrête après sept années d'émissions quotidiennes en direct des berges de la Seine aux plages de Rio. J'enchaîne avec un « Journal de 13 à 14 heures » totalement improvisé puisque je mettais le feu aux notes des journalistes qui me rejoignaient devant le micro.

Accusé par l'Élysée d'être trop irrévérencieux à l'égard du pouvoir, je reviens aux divertissements avec « Les Grosses Têtes » qui deviennent très vite l'émission la plus écoutée.

À TF1, l'adaptation des « Grosses Têtes » avait rallié jusqu'à treize millions et demi de téléspectateurs. Il était normal qu'une nouvelle formule prenne le relais au bout de cinq ans. Je proposai alors un concept que la direction de la chaîne approuva. À l'issue de la réunion, Étienne Mougeotte[1] me raccompagna jusqu'à l'ascenseur puis m'embrassa en me déclarant :

1. **Étienne Mougeotte** (né en 1940). Journaliste et dirigeant de médias français. Vice-président et directeur d'antenne de TF1 (1987-2007), directeur des rédactions du *Figaro* (2008-2012), directeur général de Radio Classique

– Je suis très content que tu continues à travailler avec nous.

Après quoi, je n'ai plus jamais entendu parler de notre projet commun.

On me retire « Les Grosses Têtes » au bout d'un quart de siècle. Je rebondis sur des ondes concurrentes avant que Robin Leproux, nouveau boss de RTL, vienne me rechercher. Du jamais vu. À 70 ans passés, je réintègre les studios de la rue Bayard pour un sursis qui durera quatorze ans avant qu'on engage pour me remplacer l'animateur que je battais régulièrement depuis dix ans dans les sondages. Le jour de mon dernier enregistrement, des dizaines d'auditeurs m'attendaient dans la rue et m'ont fait fête. Je sévis encore sur RTL mais pour des billets d'humeur plus courts et moins rétribués.

J'ai enfin été dessaisi de mon billet quotidien de *Nice-Matin* – qui enregistrait depuis quatorze ans le meilleur score de lecture – quand le journal a été repris par le personnel.

En dépit de ces avatars, mon bilan est, comme disait le regretté Georges Marchais[1], globalement positif. Non seulement on m'a permis de jouer les prolongations jusqu'à un âge avancé, mais encore j'ai eu droit – dans toutes mes collaborations – à une totale liberté. J'ai

(2012-2018). Président du groupe Valmonde, comprenant notamment l'hebdomadaire *Valeurs actuelles*.

1. **Georges Marchais** (1920-1997). Mécanicien ajusteur et homme politique français. Secrétaire général du Parti communiste français de 1972 à 1994. Député du Val-de-Marne (1973-1997) et député européen (1979-1989). Célèbre pour sa diction particulière et ses « petites phrases ».

approché les contemporains les plus éminents et j'ai confortablement gagné ma vie. Tout au plus, travaillant d'abord deux fois plus que la normale puis trois fois plus quand les 35 heures ont été votées, ai-je moins vécu à titre privé que professionnel. Pour conclure, je paraphraserai la sagesse populaire en reconnaissant qu'on ne casse pas autant d'œufs sans que le lecteur recense quelques coquilles.

Privé de vin d'honneur...

Après quarante-deux ans de bons, loyaux et hebdomadaires services, je quitte *Le Figaro Magazine*. Mon départ s'effectue sans tambour ni trompette. Quelques jours seulement après qu'un responsable m'eut encensé : « Vous êtes une institution dans l'institution. » Encouragé, je l'avais appelé quelques jours plus tard pour lui proposer des sujets d'été. La semaine suivante, je m'étais entendu répondre sèchement : « Pas de chronique cet été ni à la rentrée. » Sans commentaire, sans explication, sans regret. J'ai attendu en vain que le directeur des rédactions se fende d'un coup de fil. Comme quoi, on peut avoir fait Sciences-Po et ignorer l'art et la manière.

Je distingue toutefois trois périodes dans mon parcours : de 25 à 60 ans, où les augmentations n'ont pas manqué ; de 60 à 80 ans, où mon revenu est demeuré à peu près stable ; de 80 à beaucoup plus tard, où mes salaires n'ont cessé de s'effriter.

En fait, je ne saurais me plaindre. J'ai bénéficié de très longues prolongations. Avec le recul, je crois qu'on m'a fait payer trois imprudences. D'abord, d'avoir dépassé de plus d'un quart de siècle l'âge de la retraite ; ensuite, d'avoir déclaré lors d'une interview que je ne m'arrêterais jamais de travailler et qu'il faudrait qu'on m'arrête ; enfin, d'avoir avoué que je ne buvais plus que de l'eau sans m'aviser que, surtout en période d'économies, cela dispenserait la hiérarchie d'organiser le traditionnel vin d'honneur.

Le jour où ma mère s'est mariée

Mes filles et mes petits-fils n'ayant pas jugé opportun de légaliser leurs unions, je n'ai assisté qu'à deux mariages. Au mien mais préalablement à celui de ma mère.

Aujourd'hui, il est courant qu'un enfant soit témoin du mariage de sa mère et de son père ou au remariage de l'une ou de l'autre. Avant la dernière guerre, c'était rare mais j'y ai eu droit. La cérémonie fut célébrée religieusement à notre domicile par un rabbin et s'acheva par le bris d'une flûte à champagne sur le marbre de la cheminée du salon. On compta minutieusement les éclats afin d'augurer le nombre d'années que durerait l'état conjugal.

Ma mère était très belle et très élégante. Ce jour-là, je troquai l'appellation de « grand ami » dont je gratifiais le compagnon de ma mère pour un plus tendre « Papa », très justifié dans la mesure où le père-qui-élève est infiniment plus important que le père biologique. « Papa » a fait preuve à mon égard de tendresse, de patience et de dévouement, me portant dans ses bras, lorsque j'étais malade, jusqu'au cinquième étage sans ascenseur où nous logions. Pesant déjà une vingtaine de kilos, j'avais contracté un rhumatisme articulaire aigu m'interdisant tout effort.

Quand mon père nourricier a disparu, j'ai beaucoup pleuré alors que, lorsqu'on m'a annoncé le décès de mon père biologique, j'ai dit seulement « Ah ! bon... » avant de raccrocher aussitôt.

Mes parents se disputaient autant qu'ils s'aimaient. Chaque soir, j'assistais à des scènes de ménage se situant devant la chaudière du chauffage central. Apeuré et sanglotant, j'écoutais sans trop comprendre leurs échanges de reproches et de menaces. Le dernier acte était toujours identique : ils décidaient de divorcer et d'alerter dès le lendemain leurs avocats respectifs. J'allais me coucher, persuadé de leur prochaine séparation et m'imaginant déjà à moitié orphelin. Or, ils ont vécu ensemble jusqu'à la fin. Je n'ai compris que bien plus tard qu'ils trouvaient davantage de plaisir dans ses algarades que dans les réconciliations sur l'oreiller qui devaient suivre.

J'ai épousé Colette le 31 octobre 1953, à une époque où la seule façon de se faire pardonner d'avoir séduit une mineure était de lui passer l'alliance au doigt. Après la réception dans l'île des Ibis au Vésinet, nous avons, ma très jeune femme et moi, filé à l'anglaise avec pour tout viatique un gros billet glissé dans ma paume par la famille. Pas de quoi mettre le cap sur les Bahamas ou les Baléares. Notre voyage de noces n'a donc duré que deux jours et n'a pas dépassé Orléans. Le champagne n'a pas coulé à flots. Qu'importe puisque j'étais grisé par un cocktail mélangeant l'amour et la liberté.

La drague du lundi

Avec un recul de près de sept décennies et demie, j'impute mes résultats catastrophiques en physique et en chimie à la programmation de ces matières le premier jour de la semaine. Or, le congé hebdomadaire des commerçantes de détail se situait le lundi après-midi. Des dames et des demoiselles charmantes y venaient pour la plupart chercher l'aventure puisque les rencontres avaient lieu au *Mikado*, un dancing presque contigu de mon lycée. Un orchestre moulinait des slows et des tangos. Le bandonéon était tenu par René Pésenti, un minuscule bonhomme qui présentait comme « son trois-quarts » une énorme épouse faisant fonction de cantatrice.

Après quelques déboires imputables à mon apparence trop juvénile («Je ne danse pas avec un enfant », m'avait dit une mijaurée à qui j'avais rétorqué : « Pardon, je n'avais pas vu que vous étiez enceinte »), j'avais enfin « levé » une capiteuse charcutière de Neuilly. Au terme de la séance, elle m'avait emmené chez elle pour boire un verre. Nous en étions restés là, car, m'informant que son mari était parti pour la chasse, elle m'avait montré imprudemment la photo d'un colosse armé d'un fusil. Apeuré, j'avais fui en lui disant : « Faites-moi signe quand vous aurez un escalier de service ! »

J'ai peu évoqué mes galipettes, car elles étaient le plus souvent classiques par leur préambule, leur cadre, leur déroulement et donc sans grand intérêt. Seul se distingue le souvenir d'une brève rencontre entièrement muette. La nuit venait de tomber. Je m'étais allongé sur le sable d'une plage. Au bout de quelques minutes, ma main rencontra une autre main et des cheveux blonds se mêlèrent bientôt à ma tignasse. En un quart d'heure tout fut consommé sans aucun échange de paroles. J'ignorerai donc toujours le prénom de la demoiselle, sa nationalité et son âge. Point n'est besoin de bagatelle de la porte quand on la franchit aussi spontanément.

Le stylo sur la couture du pantalon

Si le service militaire demeure la période la plus heureuse de ma vie, c'est parce que c'est aussi la seule durant laquelle je n'ai eu aucun souci. Pourtant, mon passage du débraillé à l'uniforme n'avait pas bien commencé.

Au matin de mon incorporation, je me suis retrouvé dans une caserne de la banlieue parisienne pour un petit déjeuner à base de pain rassis, tartiné à main nue de confiture par des cuistots dépourvus de toque blanche. L'étape suivante – de Paris à Kaiserslautern – m'enferma durant dix-huit heures à bord d'un train de marchandises. À l'arrivée, les conscrits exténués étaient invités à faire la fête avec un repas copieux et bien arrosé servi aux sons d'un petit orchestre. Après le dessert, un adjudant demanda : « Quel est celui d'entre vous qui peut me parler de Louis XIV ? » Innocemment, je levai la main. Le sous-officier supérieur enchaîna : « Je te félicite. C'est toi qui feras la vaisselle. » Mon immodestie culturelle m'a valu de me coucher trois heures plus tard que les ignorants.

Réveillé par la trompette au petit jour, je reçus l'ordre de me rendre au service d'habillement. Au terme d'un essayage furtif et privé de retouche, j'eus le droit à un calot qui me cachait les yeux, à un blouson trop grand, à un pantalon trop court et à des souliers d'une pointure largement supérieure à la mienne. Après quoi, on m'affecta à mon premier boulot, consistant à récurer les tinettes à l'aide de ma brosse à dents.

Le discours de bienvenue du chef d'escadron Cougitou, surnommé « Dumbo » en raison de ces grandes oreilles, commandant le groupe de transport 385, me remonta le moral. Il y était question de servir la patrie, notre maman à tous, de parfaire notre apprentissage social, d'apprendre un métier. Bref, de devenir un homme et un citoyen.

Deux jours plus tard, j'ai changé ma brosse à dents contre un fusil mitrailleur que l'on m'ordonna de porter en bandoulière en rampant dans un tunnel de fils de fer barbelés. Il faut croire que dans cet exercice baptisé « parcours du combattant », je me montrai passablement godiche puisque le brigadier-chef qui dirigeait la manœuvre décida que je passerais chaque jour en dernier afin de distraire mes camarades par mon incapacité sportive.

Ma formation motocycliste ne m'a pas laissé meilleur souvenir. Installé sur la selle d'une Harley-Davidson développant sept cent cinquante centimètres cubes de cylindrée, je ressemblais, selon les assistants, à un crapaud sur une boîte d'allumettes. Pire, j'ai dû tourner dans la cour de la caserne jusqu'à l'épuisement du carburant, car on s'était bien gardé de m'indiquer où se trouvait la pédale de frein.

Le soir, dans mon « sac à viande », éloigné de mes proches et condamné à un an de travaux forcés, j'avais du mal à retenir mes sanglots.

Heureusement, ma mère, alertée par l'absence totale de permission, vint me voir. Dès son arrivée, elle décrocha un rendez-vous avec mon commandant en arguant de son cousinage germain avec l'administrateur français du Palatinat. À mon supérieur hiérarchique, elle remit un flacon de fortifiant et un cache-nez, en lui demandant de veiller à ce que je prenne régulièrement mon sirop et à ce que je ne sorte pas le soir sans protéger une gorge qu'elle savait fragile.

Durant les semaines qui suivirent, je ne rencontrais jamais le commandant sans qu'il m'interroge. Avais-je pris mon fortifiant ? Porterais-je un cache-nez pour défiler le 14 Juillet ?

Ma chambrée était peuplée d'analphabètes ruraux. Très vite, j'échangeai la mission de rédiger les lettres d'amour adressées aux petites fiancées laissées au pays contre les corvées de retapage de ce que je n'osais appeler un lit, la présentation impeccable de mon paquetage et le cirage de mes croquenots. Je mis à profit le temps ainsi récupéré pour réfléchir à mon avenir militaire avec pour principale ambition d'échapper, après la fin des classes, aux tâches les plus pénibles et les moins gratifiantes du troufion de base.

Une idée s'imposa. Lors d'un interrogatoire liminaire, j'avais eu le culot d'affirmer que j'étais journaliste professionnel. Certes, j'avais collaboré au journal de mon lycée mais surtout en le vendant à la criée. Dans la foulée, j'envoyai au commandant du GT la proposition de créer un magazine intitulé *Kleber Digest*. Le concept et le titre furent estimés suffisamment intéressants pour être transmis au général régentant à Baden-Baden les troupes françaises d'Occupation.

Une semaine ne s'était pas écoulée que je disposais d'un local et du matériel dont j'aurais besoin. En contrepartie, j'étais dispensé de toutes les corvées et servitudes. Je me mis aussitôt à l'œuvre. En moins de trois semaines, je sortis un premier numéro dont j'avais entièrement assuré toute la rédaction. J'y mélangeais les activités réglementaires et les divertissements locaux, le petit doigt sur la couture du pantalon et des suggestions pour améliorer la condition du « tringlot ». J'avais tapé dans le mille. Le général me nomma à titre exceptionnel maréchal des logis alors que les élèves officiers, détenteurs de ce bac qui m'avait été refusé, n'avaient encore droit à aucun galon.

Du jour au lendemain, ma situation se transforma : chambre en ville, octroi d'une Jeep, tenue fantaisie pour les sorties, salut très respectueux des conscrits et des hommes de troupe. On me chargea également de diriger le mess. Ainsi, pouvais-je me faire servir à part mon mets favori, c'est-à-dire un steak cru nappé d'un beurre d'escargot.

Invité à trouver un moyen de financer l'impression de ma publication, je sollicitai et obtins l'autorisation de proposer un abonnement aux conscrits qui sortaient tout nus, sexe à l'air et porte-monnaie à la main, de la visite médicale d'incorporation. Encore stressés par l'auscultation et impressionnés par mes galons tout neufs, aucun n'osait refuser ma proposition. Même ceux qui ne savaient pas lire.

J'étais parti pour un an de service. Or, presque démobilisé et déjà rhabillé en civil, on m'indiqua que je devais rester un trimestre de plus à la suite d'un vote de l'Assemblée nationale et pour une cause que j'ai complètement oubliée. J'avoue que, sur le point de regagner Paris en me retrouvant au chômage, j'hésitai à quitter l'armée, la vie facile, les cigarettes gratuites, les avantages en nature, les petites Gretchen n'accordant leurs faveurs le dimanche qu'aux militaires équipés d'une couverture. J'optai pour un retour dans la capitale. Avec le recul, je pense parfois que si j'avais « rempilé », j'aurais pris ma retraite vers la quarantaine avec sans doute le grade d'adjudant-chef... qui m'aurait valu la considération de mes voisins d'immeuble.

Ignare jusqu'à 20 ans, un peu plus instruit ensuite

Le jour approche où, l'hégémonie vélocipédique aidant, le Salon de l'auto, boycotté par les écolos, fera place au Salon de l'autodidacte, ouvert aux anciens cancres recyclés. Une manifestation au sein de laquelle j'aimerais exposer. Je m'imagine confortablement installé dans un stand, en train de prodiguer à l'entour les bribes d'un savoir glanées volontairement, par hasard et un peu partout.

Rien ou pas grand-chose appris durant ma scolarité. Du latin qui fut ma matière préférée, il ne me reste que la traduction française de *nihil* : pas même la raie noire d'une fève. En revanche, pour en avoir tiré le sujet de ma première pièce de théâtre, la Régence de Philippe d'Orléans est demeurée vivace dans ma passoire : les roués faisant la fête au Palais-Royal, la duchesse de Sabran crevant l'œil du Régent avec le talon de son escarpin, la débauche générale dans ce quartier aujourd'hui le plus austère de la capitale.

J'attirerais également le chaland avec des anecdotes croustillantes sur Napoléon III. La réponse d'Eugénie de

Montijo à son futur époux qui lui demandait comment on parvenait jusqu'à sa chambre à coucher : « Il faut passer par la chapelle. » Plus tard et mariée, lorsque l'empereur, pâtissant ou bénéficiant du priapisme, apanage des Bourbons, se mit à la tromper très souvent, la révélation fortuite de son infortune emprunta les formes épanouies de la richissime Harriet Howard. Censée être présentée pour la première fois à l'empereur alors qu'elle avait été la mécène de sa campagne électorale, la jolie Britannique fut trahie par son chien qui s'échappa de ses bras pour se réfugier dans ceux du monarque.

Si l'on insistait, je citerais quatre vers empruntés à l'une des stances de Malherbe ou le début d'un poème de Shakespeare décrivant une grosse fille prénommée Joan en train d'écumer le pot-au-feu. Si mon cours – pas très magistral – fonctionnait, j'offrirais, en prime, un panorama sexuel des quarante rois qui ont fait la France.

L’art du canular

À la fin de mon adolescence, privé d’argent de poche pour cause de bacs ratés et n’ayant plus les moyens d’aller au théâtre ou au cinéma, j’ai recouru à deux divertissements gratuits.

Le premier, parfaitement légal, consistait à prendre place dans un prétoire d’une juridiction correctionnelle spécialisée dans les affaires de mœurs. Pendant plusieurs heures, je suivais avec passion l’arrivée des accusés (la mise en examen n’existait pas encore) entre deux gendarmes, la présentation du dossier par le président, le défilé des témoins, l’audition des experts, le réquisitoire et les plaidoiries.

Le soir, je sacrifiais, de façon plus répréhensible, aux canulars téléphoniques. En recrutant les victimes tantôt dans mon immeuble, tantôt dans l’annuaire.

Pour les voisins, d’un ton chevrotant, je me présentais comme un colonel en retraite qui, de sa fenêtre du cinquième étage, plongeait dans les chambres à coucher en vitupérant les simulacres de la reproduction qui s'y déroulaient.

Pour les inconnus lointains, c'était plus compliqué et plus méchant. Au bout du fil, je prétendais être le surveillant de nuit du central téléphonique international. Sans aucun préambule, j'informais le titulaire de la ligne que mon compteur avait chiffré à 2 000 francs le montant de sa communication avec l'Afrique du Sud. L'infortuné correspondant protestait en arguant qu'il ne connaissait personne dans cette région du monde. J'insistais : n'y avait-il pas chez lui un enfant ou un domestique capable d'abuser du combiné ? Après une réponse forcément négative, je passais à la deuxième partie du canular en déclarant à mon correspondant qu'il m'avait convaincu de sa bonne foi et que, pour que les 2 000 francs ne lui soient pas réclamés, il lui suffirait d'alerter le contrôleur en chef. Je précisais qu'il se nommait M. Charles et je donnais le numéro de l'Élysée. Or, nous étions au plus fort des menaces proférées par l'OAS et lorsqu'un appel incongru parvenait au standard du palais présidentiel, la police, après avoir identifié le coupable, se présentait à son domicile à 6 heures du matin !

Parfois, à l'heure du premier sommeil, je prenais comme cible un abonné nommé Debout à qui je disais « Allô, Debout ? Eh bien, recouche-toi ! » ou une dame Citerne à laquelle je murmurais « On va venir vous vider ».

J'ai attendu la cinquantaine pour faire prendre en charge par la télévision des tromperies exigeant non seulement des idées et du temps mais un peu d'argent. Diffusées sur la deuxième chaîne, certaines saynètes me hantent encore.

La plus illégale : l'inspection d'une caserne parisienne par un faux général circulant à bord de ma voiture battant pavillon tricolore et surmontée d'un gyrophare. Coiffé d'un képi étoilé, le comédien Jean Herbert (*alias* aujourd'hui Popeck[1]) avait passé les factionnaires en revue avant de demander à goûter la soupe. L'arrivée d'un vrai général avait tout fait capoter. Démasqués, les trublions avaient été conduits à un commissariat avant d'être incarcérés. Prévenu que la plaisanterie tournait au drame, j'avais aussitôt téléphoné au ministre de la Justice, Jean Lecanuet, que je connaissais bien. Au bout du fil, le garde des Sceaux hoquetait de rire. Son intervention avait dû être rapide, car mon équipe avait à peine franchi la porte de la prison de la Santé qu'elle recouvra la liberté.

La plus cruelle : j'avais loué dans l'enceinte de la Foire du Trône un emplacement pour y installer une roulotte dans laquelle officiait la comédienne Rosine Young, déguisée en gitane. Devant la roulotte figurait un panneau annonçant « Confituromancie. Prédictions gratuites ». Les pauvres gens, attirés par la présence d'une voyante et l'absence de dépense, étaient priés de plonger dans une assiette débordante de gelée de groseille une main qu'ils posaient ensuite sur une feuille de papier

1. Judka Herpstu, dit « Jean Herbert », dit « **Popeck** » (né en 1936). Comédien et humoriste français. Célèbre pour son personnage de Popeck, créé au milieu des années 1960 : un vieux râleur, à l'accent yiddish, au costume trois-pièces et au chapeau melon. A tourné dans *Les Aventures de Rabbi Jacob* (1973) de Gérard Oury, *Le Pianiste* (2002) de Roman Polanski ou *Ils sont partout* (2016) d'Yvan Attal.

immaculée. En fonction de la forme de l'empreinte, la pythonisse imaginait leur avenir. Après quoi, on filmait le départ des intéressés, dégoulinant de confiture. Trente ans plus tard, je suis toujours partagé entre l'hilarité et la honte.

Oui, j'ai eu la grosse tête...

Pendant presque toute une décennie, mon crâne a enflé sans que mon cerveau augmente de volume. J'émargeais chez dix-sept employeurs. J'assurais chaque jour une émission à la radio et à la télé, je livrais des articles un peu partout. Je dirigeais un quotidien qui déclinait jusqu'à sept manchettes par jour. Le soir, je présentais des galas ou je faisais des conférences en province. Je publiais chaque année un livre avec, quel qu'en fût le sujet, mon portrait au-dessous du titre. *Télé 7 jours* m'avait offert sa couverture. Sous le titre de « Le roi Bouvard », on m'y voyait coiffé d'une couronne en carton doré comme celles dont les boulangers accompagnent leurs galettes. Je possédais une demi-douzaine de véhicules dont deux Ferrari, une Rolls et une voiture-bureau. J'étais propriétaire de trois maisons assorties chacune d'une piscine alors que je ne savais toujours pas nager. Je dédicaçais des photos. Je distribuais des autographes. J'accordais des interviews. Trahissant ma mission qui consistait à parler des autres, je parlais surtout de moi. Lorsque je me promenais dans ma belle décapotable, les braves gens m'applaudissaient tandis que, pour m'encourager à les saluer, la dame qui m'accompagnait alors me murmurait : « Fais ta reine d'Angleterre ! »

De ces fastes, autorisés par une morale libérale et par des impôts raisonnables, il me reste un petit appartement à Paris, un penthouse à Cannes, trois citadines et de bons souvenirs que je me repasse en boucle les jours de cafard.

Les garagistes m'ont coûté aussi cher que les percepteurs

Ma plus grande folie automobile aura été l'achat de la F40 que le Commendatore avait conçue pour le quarantième anniversaire de sa marque, Ferrari. J'en avais racheté un modèle tout juste sorti d'usine au bénéficiaire d'une commande très ancienne moyennant un coquet supplément à un prix déjà exorbitant. Pourtant, la voiture était d'une sobriété exemplaire : les portières s'ouvraient avec une ficelle comme les bolides de Formule 1 ; pas de radio ; pas de pendule. Le moteur miniaturisé, placé derrière le conducteur, autorisait – en l'absence de limitation de vitesse – que l'aiguille d'un compteur gradué jusqu'à 300 km/h atteignît 230 sur la portion d'autoroute reliant Cannes à Monaco. Avec sa couleur rouge et son aileron, elle attirait tous les regards. Dans les tunnels, le bruit de son échappement me charmait autant qu'une symphonie de Mozart.

Après m'être beaucoup amusé à la conduire, j'avais résolu de la revendre pour un peu plus cher qu'elle ne m'avait coûté. Hélas ! dans la nuit précédant sa livraison à un repreneur, elle avait été volée dans le jardin de ma villa cannoise où elle stationnait. Alertés, les gendarmes m'avaient assuré qu'elle était trop visible pour que ses ravisseurs aillent la négocier dans un pays limitrophe. De fait, ils avaient fini par la retrouver cachée au fond d'un petit garage. Entre-temps, les cours s'étaient effondrés et le repreneur avait disparu. C'est finalement un dentiste bordelais qui, pour une somme très diminuée, en devint propriétaire.

Quelques semaines plus tard, j'appris que le changement de propriétaire avait tourné au désastre. À peine arrivé dans son parking, le dentiste avait voulu faire une soudure au clapet du réservoir d'essence qui fermait mal. Pour ce faire, il avait commis l'imprudence de rapprocher un chalumeau du plein de carburant. La voiture, le dentiste et la villa avaient explosé. J'y repense parfois avec tristesse lorsque je croise une F40 devenue avec les années une pièce de musée.

Autre voiture, autre histoire. Au volant d'une Lamborghini Miura, je suis surpris en train de doubler en haut d'une côte. Le gendarme verbalisateur m'informe qu'il va me retirer immédiatement mon permis et confisquer ma voiture. Puis, prenant appui sur le capot du véhicule qui ne m'appartient déjà plus, il recopie les données de mon état civil. À la dernière ligne, il blêmit :

– Vous avez de la chance. Je vous laisse votre permis et votre bagnole.

L'explication vient enfin dans un soupir :

– Je suis né moi aussi comme vous à Coulommiers.

Les tapis verts m'ont mis dans le rouge

Mon existence aura été très ludique. Déjà, dans la cour de l'école communale, je faisais jouer mes petits camarades avec des billes (en terre ou en verre) que je ramassais lorsqu'elles n'avaient pas atteint l'objectif placé à bonne distance contre le mur. J'ai pratiqué très tôt tous les jeux de cartes de la manille au gin en passant par le bridge, la belote et la canasta. Mais le poker a supplanté toutes les autres façons de solliciter le hasard. Pendant mon service militaire, les soldes valsaient à chaque fin de mois. Encore aujourd'hui, je risque sur les tapis verts davantage que je ne devrais, car il faut choisir entre raison et adrénaline.

Gondoles, machines à sous et petits marquis

Les trois endroits qui m'ont le plus étonné sont dans l'ordre Venise, Las Vegas et Rio. À Venise, avant de m'extasier sur les palais, les églises et les gondoles, j'ai obtenu d'occuper à l'Hôtel Danieli la chambre numéro dix qui avait été celle de George Sand et d'Alfred de Musset. En me conduisant jusqu'à cette suite historique, le réceptionniste m'avait dit en évoquant le passage du couple célèbre : « Nous avons désinfecté depuis. »

À Las Vegas tout était faux : la Rome antique comme le Paris actuel. Rien n'était plus humain à force de vouloir transformer en champion mondial des vide-poches la perle du Nevada. Le touriste le plus obtus comprenait dès son atterrissage ce qui l'attendait, car dans la passerelle reliant l'avion au tarmac, la bienvenue lui était souhaitée déjà par des machines à sous. Il pouvait ensuite satisfaire un besoin naturel en prenant connaissance des tirages du bingo.

Quant à Rio où l'on m'avait expédié pour décrire le carnaval, j'en garde surtout le souvenir des milliers de Noirs descendus des favelas, perruqués à frimas et déguisés en petits marquis.

Adversaire du sport, ami d'un champion

Je ne connais rien aux sports et je n'ai jamais assisté à un match de ma vie. Pourtant, j'ai préfacé avec plaisir le livre de souvenirs de Guy Drut[1]. Pour des motifs d'amitié mais aussi d'état civil : Drut est né comme moi à Coulommiers (dont il a été le député-maire) et le même 6 décembre (mais pas la même année).

Je pense qu'il dut son ministère des Sports autant à sa familiarité avec Jacques Chirac qu'à son titre olympique. En gratitude du temps où, dans les jardins de l'Hôtel de Ville, le maire de Paris courait – en tout bien tout honneur – après lui sans pouvoir le rattraper. J'ai parfois été témoin de leur relation : Chirac tutoyait Drut et le chargeait de toutes sortes de missions extramusculaires. Peut-être si la constitution lui avait autorisé un troisième mandat, aurait-il fait de son coach un Premier ministre très présentable.

1. **Guy Drut** (né en 1950). Athlète et homme politique français. Champion olympique du 110 mètres haies en 1976. Député RPR de Seine-et-Marne (1986-1995 et 1997-2007), maire de Coulommiers (1992-2008), ministre de la Jeunesse et des Sports sous Jacques Chirac (1995-1997). Membre du Comité international olympique depuis 1996.

Entre Grande Bleue et petits oiseaux...

J'ai élu domicile à Cannes. La mer y est moins sauvage et le sable plus fin que les hommes. Katouchka, ma villa cannoise était devenue trop grande, trop coûteuse, trop éloignée de l'agglomération. Après trente-deux années d'une quiétude ressemblant au bonheur, je l'ai cédée à un milliardaire russe. Chez le notaire, une fois les actes paraphés, j'y suis allé du petit couplet que je croyais de circonstance :

– Je forme le vœu que vous soyez aussi heureux à Katouchka que nous l'avons été, ma femme et moi.

Je n'apprendrai que plus tard que mon repreneur est un marchand de biens et que l'agent immobilier, à l'origine de la tractation et chargé de défendre mes intérêts, était également l'associé de mon acheteur.

Le penthouse où je me suis installé ensuite est situé au 8e étage d'un immeuble entre voie rapide et Croisette. Un observatoire rêvé pour les bipèdes. Un rez-de-chaussée idéal pour les oiseaux. Lorsqu'ils envahissent mes terrasses, je me crois dans un film d'Hitchcock...

Un trésor poilu

Toutou fait depuis trois ans d'autant plus partie de ma famille que c'est cette dernière qui me l'a offert. Séparé très tôt de ses frères pour être vendu comme un esclave de l'Antiquité, il a accepté que je sois son papa. Ainsi, ne s'endort-il jamais au pied du lit ou entre les miens sans m'avoir léché le bout du nez. Pour lui manifester mon affection, j'use de gentils vocatifs toujours précédés d'un possessif : « mon bébé velu » et « mon trésor poilu ». Heureusement qu'il apprécie les câlins, sinon sa vie serait un enfer. Toutou réunit toutes les qualités dispersées ou introuvables chez mes contemporains. Il est fidèle, tendre, joyeux et si intelligent qu'il devine mes désirs avant que je les aie exprimés.

Son vocabulaire dépassera bientôt le mien. S'il s'ébroue de bon matin et que je lui dis « On dort ! », il reprend aussitôt son roupillon. Il saute trois fois en l'air pour signifier qu'il attend son dîner, car je n'emploie jamais le mot vulgaire de pâtée qui tendrait à insinuer que son menu diffère des nôtres. Il apprécie les nourritures simples et, sans doute pour préserver son appendice nasal, boycotte la truffe. Il s'attable en même temps que nous, droit sur sa chaise comme Juppé dans ses bottes. Lui fait-on cadeau d'une friandise ? Prévoyant, il n'en grignote qu'une moitié et s'en va cacher l'autre sous les coussins du canapé. Ses gloutonneries sont variées qui vont du gâteau sec à la prothèse auditive. Toutou n'en fait qu'à sa petite tête. Il me balade plus que je ne le promène, tirant à gauche quand je souhaite aller à droite et vice versa. Parfois, il s'assoit au beau milieu de la chaussée pour me signifier qu'il est fatigué et qu'il voudrait rentrer à la maison. Sur le plan des besoins, il est capable de se retenir pendant douze heures, disciplinant mieux sa vessie que son père adoptif. Une opération bénigne et cruelle à la fois a mis un terme définitif à sa sexualité. À la façon dont il lorgne certaines femelles, j'ai l'impression qu'il conserve quelques souvenirs d'un passé turbulent. Chien de chasse, il ne rapporte que des chaussettes. Chien de garde, il scrute les visiteurs. Son odorat mille fois plus affiné que le mien lui permet de détecter les importuns que je ne peux pas sentir. Il lui arrive de me considérer longuement avec une fixité supposant tant de sens critique que je finis par en être gêné. Je l'appelle Toutou. Il sait que je suis son papa. Je crois que nous nous aimons.

IV

AVANT D'Y PASSER COMME LES AUTRES...

Trois communs dénominateurs pour les interventions chirurgicales bénignes subies ces derniers mois : elles ont été pratiquées par les voies naturelles ; elles ont parfaitement réussi ; avant chaque entrée dans le bloc opératoire, les infirmiers de service m'ont murmuré : « Qu'est-ce que vous nous avez fait rire ! » Chaque fois, j'ai eu une pensée pour Fernandel qui déplorait de ne plus pouvoir assister à l'enterrement d'un ami, car, en le voyant, les gens se tenaient les côtes.

On parle toujours des disparus comme s'ils avaient pris eux-mêmes la décision de s'éclipser. Or, en réalité, c'est la société qui fait disparaître ses défunts en les faisant passer de la surface au sous-sol.

Je ne crois pas en Dieu et je le regrette de plus en plus. Pourtant, je n'ai cessé de m'interroger sur l'identité du Créateur de toutes choses et sur ses rapports avec les créatures que nous sommes en m'entourant des avis les plus autorisés. Par exemple, j'avais invité à déjeuner chez moi André Frossard[1], élu académicien après avoir publié un livre où il racontait comment il était passé miraculeusement du scepticisme intégral à la foi du charbonnier. Après avoir bien bu et bien mangé, je lui avais donc posé la question de confiance : comment devais-je m'y prendre pour bénéficier d'une révélation semblable à la sienne ? La réponse, particulièrement décevante, était venue au moment du pousse-café :

– La foi est une affaire personnelle. Chacun voit le Seigneur à sa porte. Merci pour ce bon repas.

D'autres tentatives menées auprès d'ecclésiastiques n'ont pas abouti davantage. En dépit de mes liens – presque amicaux – avec le père Guy Gilbert, prêtre atypique portant un blouson de cuir constellé de pin's et connu pour offrir des préservatifs aux adolescents dont il chaperonnait les sorties et pour avoir accompagné Nicolas Sarkozy dans une visite rendue au Saint-Père, de Matthieu Rougé, ancien secrétaire du cardinal Lustiger, curé très mondain de Saint-Ferdinand-des-Ternes devenu évêque de Nanterre, je n'ai même pas obtenu le nom d'une famille pauvre de mon quartier dont je souhaitais m'occuper personnellement.

Bref, j'en suis arrivé à deux hypothèses : ou bien ma belle âme n'intéresse personne ou bien les voies du Seigneur sont si étroites qu'elles n'admettent qu'un fidèle à la fois.

---

1. **André Frossard** (1915-1995). Journaliste, écrivain et académicien français. Résistant. Rédacteur en chef de *L'Aurore*, chroniqueur au *Point*, au *Figaro* et à RTL, éditorialiste à *Paris Match*.

Avant d'y passer comme les autres...

Presque 91 ans ! Je n'en reviens pas. Tout m'a semblé se passer si vite que je soupçonne une erreur de l'état civil. L'accès au nonagériat m'aura procuré trois plaisirs outre celui d'être toujours en vie : une réunion de ma petite famille au grand complet autour de moi, le coup de fil de Nicolas Sarkozy et une lettre de Brigitte Bardot. Une interrogation toutefois. Qui pensera encore à m'appeler pour mon centenaire ?

Lorsqu'ils interprètent *La Symphonie des adieux* de Joseph Haydn, les musiciens quittent l'orchestre un à un. Sachant que je prendrai encore des notes mais que je ne jouerai plus d'aucun instrument, j'abandonne une scène désertée par les acteurs et de plus en plus peuplée de figurants. Le dernier mouvement de ma symphonie s'achèvera donc bientôt. Elle n'aura pas été sans couacs que, comme Beethoven, j'aurai de moins en moins entendus.

Table

Du même auteur

Les Passions du dimanche, éditions de l'Entreprise moderne.
Carnets mondains, éditions de la Table Ronde (grand prix de l'Académie de l'humour, 1962).
Madame n'est pas servie, éditions de la Pensée moderne.
Petit Précis de sociologie parisienne, Grasset.
Lettre ouverte aux marchands du Temple, Albin Michel.
Comment devenir animateur de radio sans se fatiguer, éditions de la Pensée moderne.
Un oursin dans le caviar, Stock.
La Cuisse de Jupiter, roman, Stock.
Impair et passe, roman, Stock.
Du vinaigre sur les huiles, Plon.
Et si je disais tout..., Stock.
L'Huile sur le feu, Mengès.
En pièces détachées, Presse de la Cité.
Douze mois et moi, Stock.
Tous des hypocrites sauf vous et moi..., Albin Michel.
Un oursin chez les crabes, Stock.
Les Champions du loto, Presses de la Cité.
Les Grosses Têtes, Atelier Marcel Jullian.
Maximes au minimum, Robert Laffont.
Le Théâtre de Bouvard, Jean-Claude Lattès.
Le Petit Bouvard illustré, Presses de la Cité.
Je ne l'ai pas dit dans les journaux, Presses de la Cité.
Pas de quoi être fier, Robert Laffont.
Contribuables mes frères, Robert Laffont.
Cent voitures et sans regrets, Jean-Claude Lattès.
Les Pensées, Le Cherche Midi.
Un homme libre, roman, Grasset.

La Grinchieuse, roman, Albin Michel.
Journal de Bouvard, Le Cherche Midi.
Une pâle Ordure, romain, Albin Michel.
Joueurs, mes frères, Robert Laffont.
Journal de Bouvard 1997-2000, Le Cherche Midi.
La Belle Vie après 70 ans, Albin Michel.
Auto-psy d'un bon vivant. Journal, 2001-2003, Le Cherche Midi.
Des femmes, Flammarion.
Mille et une Pensées, Le Cherche Midi.
Tout sur le jeu, Flammarion.
Portraits pour la galerie, Albin Michel.
Je suis mort. Et alors ?..., Flammarion.
Ma vie d'avant, ma vie d'après, Flammarion.
Le Bourgeois théâtreux, Flammarion.
Je crois me souvenir... 60 ans de journalisme, Flammarion.
Les morts seraient moins tristes s'ils savaient qu'ils pourront encore se tenir les côtes en regardant les vivants, Flammarion.
Bouvard de A à Z, Flammarion.
Gaston et Gontran, Flammarion.
Bonsoir Madame, bonsoir Monsieur, Flammarion.
Mes dernières pensées sont pour vous, Flammarion.
Quand j'ai commencé à broder, les haricots avaient encore des fils..., Plon.

MIXTE
Papier issu de sources responsables
FSC® C003309

L'éditeur de cet ouvrage s'engage dans une démarche de certification FSC® qui contribue à la préservation des forêts pour les générations futures.

Pour en savoir plus :
www.editis.com/engagement-rse/

CET OUVRAGE
A ÉTÉ ACHEVÉ D'IMPRIMER
SUR ROTO-PAGE
PAR L'IMPRIMERIE FLOCH
À MAYENNE EN OCTOBRE 2020

Dépôt légal : novembre 2020
N° d'impression : 97054
Imprimé en France